CURSO DE CIUDADANÍA AMERICANA

NuevosAmericanos.com

Este curso en formato LibroWeb le ofrece un novedoso sistema de aprendizaje: el libro con los textos del curso, y la web compañera con los contenidos audiovisuales e interactivos.

De este modo, no solo aprenderá con el libro, sino que continuará aprendiendo y practicando en la web con audios, vídeos, ejercicios y actividades interactivas.

Y no estudiará solo. Nuestros maestros le acompañarán respondiendo todas sus consultas y guiándole a lo largo del curso.

La información proporcionada en este libro no constituye una asesoría legal.
No asumimos ninguna responsabilidad legal por cualquier información, producto o proceso
discutido en este libro. Usted puede pedir asesoría legal a un abogado licenciado o a una agencia
sin fines de lucro acreditada por la Junta de Apelaciones de Casos de Inmigración.

La ley de inmigración es compleja y puede que la información que proporcionamos en este libro no
aborde completamente su situación. Lo exhortamos a que lea las instrucciones de los formularios
del USCIS para más información acerca de los requisitos estatutarios, regulatorios y legales.

Los contenidos de este libro fueron adaptados y se basan en los contenidos de la página web del
USCIS: https://www.uscis.gov/.
Visite https://www.uscis.gov/ si desea profundizar en alguna información.

La editorial no se responsabiliza por los sitios Web (o su contenido)
que no son propiedad de la misma.

Primera edición: agosto de 2022
Tercera reimpresión: julio de 2023

© 2022, Inglés en 100 Días (TriAltea USA, L.C.)
© 2022, Penguin Random House Grupo Editorial USA, LLC
8950 SW 74th Court, Suite 2010
Miami, FL 33156

Diseño de cubierta: Natalia Urbano
Diseño de interiores: Mariana Valladares
Edición: Adriana Narváez
Ilustraciones:
Estatua de la libertad: Designed by macrovector / Freepik
Digital device: Designed by rawpixel.com / Freepik
Bandera: vka/ shutterstock
Icono recuerde: popicon/ shutterstock

Impreso en Colombia / *Printed in Colombia*

ISBN: 978-1-644735-63-3

23 24 25 26 27 28 12 11 10 9 8 7 6 5 4 3

Introducción

Si busca un curso totalmente **actualizado** que le prepare en profundidad para la **entrevista** y el **examen de ciudadanía** y, al mismo tiempo, le enseñe el **idioma inglés**, este es el libro que está buscando: un **curso completo de ciudadanía** que le brinda, además, la posibilidad de aprender inglés online.

El **CURSO DE CIUDADANÍA AMERICANA** le preparará para superar la entrevista de ciudadanía y el **examen actual de 100 preguntas**, descubriéndole todo lo que debe saber para poder integrarse definitivamente en este gran país que nos ha recibido.

Creado por un equipo de editores con gran experiencia en el proceso de naturalización, el **CURSO DE CIUDADANÍA AMERICANA** le preparará intensivamente a través del presente libro. Y también, **gratis y sin costo adicional,** mediante la página web **https://nuevosamericanos.com/**. En esta página encontrará una gran cantidad de **recursos interactivos** y **audiovisuales** para entrenarse en cada una de las etapas del examen de naturalización, tanto de ciudadanía como de conocimiento del idioma inglés.

Nadie le da más: un completo libro con información clave para comprender la estructura del examen, acompañado por una página web con información que se va actualizando constantemente. Podrá practicar de forma interactiva con los contenidos audiovisuales y pruebas en línea, y aprender inglés con nuestro exclusivo **curso de inglés online**.

Recuerde

Las posibilidades de aprobar su examen de ciudadanía dependen fundamentalmente de lo bien que se haya preparado. **Estudie y practique intensivamente. ¡Nosotros le ayudaremos a lograrlo!**

Índice

Visite la página web del curso para actualizaciones
y contenidos adicionales.

Cómo usar este curso

Como usted sabe, este **CURSO DE CIUDADANÍA AMERICANA** emplea el método **LibroWEB**, que se compone del **libro** que tiene en sus manos más un **curso online** en la web. El libro y el curso online se complementan y apoyan el uno al otro: el libro, con la **comodidad** de acceso a todos los textos en papel impreso, y el curso online, con los recursos **interactivos** y **audiovisuales** que permite el uso de una web en línea, siempre **actualizada**.

1 **Empiece por el libro:**

○ Conocerá **toda la información** del proceso de naturalización, de principio a fin.

○ Descubrirá **dónde encontrar toda la información** en la página web del USCIS.

○ Aprenderá **cómo prepararse** para pasar con éxito el examen y la entrevista.

○ Accederá a las **100 preguntas y respuestas del test**, en inglés y en español.

○ **Practicará intensamente** el test de 100 preguntas, tantas veces como desee.

○ Preparará todas las palabras de la prueba de **lectura y escritura** de inglés.

○ Encontrará la **definición** en inglés y español de las palabras difíciles del formulario N-400.

2 **Continúe gratis sin costo adicional con el curso online (https://nuevosamericanos.com/):**

○ **Todos** los contenidos del libro, **actualizados** y en línea.

○ Información **actualizada** y vigente de los cargos públicos en su **estado**.

Visite la página web del curso para actualizaciones y contenidos adicionales.

- Practicará de forma **interactiva** el examen de ciudadanía de 100 preguntas.
- Accederá a los **enlaces directos** de los contenidos clave de la web del USCIS.
- Conocerá los **secretos** de navegación en la web del USCIS, en inglés y español.
- Ensayará con los **videos y audios** del test de Ciudadanía en inglés y español.
- **Aprenderá inglés** rápidamente con nuestro completo curso de inglés online.
- Tendrá **cientos de ejercicios** para practicar y reforzar su inglés antes del examen.
- Podrá **descargar** la **App**, con **cursos** y actividades de **inglés adicionales**.
- Aprenderá **pronunciación americana** con el curso online de pronunciación.

Actualización de USCIS para el examen de Educación Cívica

El Servicio de Ciudadanía e Inmigración de Estados Unidos anunció el 22 de febrero de 2021 que volvería a la versión 2008 del examen de educación cívica para naturalización a partir del 1 de marzo de 2021.

El 1 de diciembre de 2020, USCIS implementó una versión revisada del examen de educación cívica para naturalización (examen de educación cívica 2020) como parte de un proceso de revisión y actualización decenal. USCIS determinó que el contenido del examen de educación cívica de 2020, los procedimientos de evaluación y el calendario de implementación podrían crear inadvertidamente posibles barreras al proceso de naturalización.

El examen de educación cívica de 2008 fue desarrollado cuidadosamente durante un periodo de varios años con la contribución de más de 150 organizaciones, que incluyeron expertos en inglés como segundo idioma, educadores e historiadores, y fue puesto a prueba antes de su implementación.

Los solicitantes

El examen de educación cívica se administra a los solicitantes de la ciudadanía estadounidense a través de la naturalización y es uno de los requisitos legales para naturalizarse.

Los solicitantes deben demostrar conocimiento y comprensión de los fundamentos de la historia, principios y forma de gobierno de Estados Unidos. La decisión de naturalizarse demuestra una inversión y compromiso con este país.

USCIS está comprometido con la administración de un examen que sea un instrumento de aprendizaje de educación cívica y que fomente la integración cívica como parte del proceso de preparación para el examen.

Los temas del examen y las guías de estudio están disponibles en el **Centro de Recursos de Ciudadanía** en el sitio web de USCIS (https://www.uscis.gov/).

Para más información sobre USCIS y sus programas, por favor visite https://www.uscis.gov/es o siga al USCIS en Twitter, Instagram, YouTube, Facebook y LinkedIn.

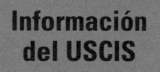

Información del USCIS

¿Qué es el USCIS?

El 1 de marzo de 2003, el **Servicio de Ciudadanía e Inmigración** (**USCIS**, por sus siglas en inglés) asumió responsabilidad por **todas** las **funciones** de inmigración del gobierno federal.

Esta agencia fue creada para reforzar la seguridad y **mejorar la eficiencia** de los servicios nacionales de inmigración, ya que se dedica exclusivamente a la **administración de los beneficios de los solicitantes**. Es la **agencia gubernamental** que supervisa la **inmigración legal** a Estados Unidos. Son 19.000 empleados gubernamentales y contratistas que trabajan en más de 200 oficinas en todo el mundo.

Por otra parte, la **Agencia de Inmigración y Control de Aduanas** (**ICE**, por sus siglas en inglés) y la **Agencia de Aduanas y Protección de Fronteras** (**CBP**, por sus siglas en inglés), son los componentes que se encargan de **hacer cumplir** las funciones de inmigración y seguridad de las fronteras.

En resumen, el Servicio de Ciudadanía e Inmigración de Estados Unidos (**USCIS**) tiene como misión administrar el **sistema de inmigración legal** de la nación, salvaguardando su integridad y promesa al adjudicar de manera justa y eficiente peticiones de beneficios de inmigración mientras protege a los estadounidenses, la seguridad de la nación y honra nuestros valores.

El proceso de Naturalización

Decidir convertirse en ciudadano estadounidense puede ser un **logro muy importante** en la vida del **inmigrante**. Las personas que están interesadas en la ciudadanía deben demostrar su **compromiso** a los **principios** que nos unen como **estadounidenses** y, a cambio, disfrutarán muchos de los **derechos** y **privilegios** que son **fundamentales** de la ciudadanía estadounidense.

Si desea convertirse en ciudadano de Estados Unidos, puede solicitar la naturalización mediante la presentación de un **Formulario N-400, Solicitud de Naturalización**, por correo o en línea.

Si envía una solicitud completa del Formulario N-400 junto con todos los documentos requeridos, una **entrevista** será programada con un **oficial de USCIS**.

Si el oficial determina que usted es **elegible**, le programará una **Ceremonia de Naturalización**. No se convierte en ciudadano estadounidense hasta que haya prestado el **Juramento de Lealtad**.

Para ser **elegible** a la **naturalización**, un solicitante debe **cumplir** con ciertos **requisitos** de **elegibilidad** establecidos en la Ley de Inmigración y Nacionalidad (INA).

Requisitos generales de elegibilidad

- Tener un mínimo de **18 años** al presentar su solicitud.
- Demostrar que es un **residente permanente** legalmente admitido en Estados Unidos.
- Haber residido en Estados Unidos como residente permanente legal durante un mínimo de **cinco años** inmediatamente antes de la fecha de presentación del Formulario N-400.
- Haber estado físicamente presente en Estados Unidos durante al menos **30 meses**.
- Demostrar el haber mantenido residencia permanente por lo menos 3 meses en el mismo estado o distrito de USCIS antes de presentar su solicitud.
- Demostrar que es una persona de **buen carácter moral** y ha sido una persona de buen carácter moral durante al menos **cinco años** inmediatamente antes de la fecha de presentación del Formulario N-400.
- Poder **hablar**, **leer**, **escribir** y **entender inglés**.
- Tener conocimiento de los fundamentos de la **historia**, y los **principios** y **forma** del **gobierno** de Estados Unidos.

- Demostrar adhesión a los principios de la **Constitución** y buena disposición al **buen orden** y **bienestar** de Estados Unidos.
- Estar dispuesto y ser capaz de **tomar** el **Juramento** de **Lealtad**.

Las disposiciones especiales de naturalización **eximen** a ciertos solicitantes **de cumplir** con uno o más requisitos generales de la naturalización. Los **cónyuges** de ciudadanos estadounidenses y de miembros del **servicio militar** son las categorías principales de personas que están exentas de algunos requisitos generales de la naturalización.

Para más información sobre inmigración y enlaces a los recursos dirigidos específicamente a miembros del servicio militar y sus familias, visite la página web del USCIS (**https://www.uscis.gov/** o **https://www.uscis.gov/es** en español), escribiendo en el buscador "Militares".

Exenciones

○ Los **cónyuges** de ciudadanos estadounidenses pueden ser elegibles para naturalizarse después de **tres años** de haber sido admitidos como residentes permanentes legales, en lugar de los cinco años requeridos bajo las disposiciones generales.

○ **Puede** que los cónyuges de ciudadanos estadounidenses destacados en el **extranjero** no tengan que cumplir algún requisito particular de residencia o presencia física.

○ Los miembros del **servicio militar** que sirvieron honorablemente durante ciertos **periodos de conflicto bélico** podrían ser elegibles para la naturalización, aunque no hayan sido admitidos como residentes permanentes legales.

○ Los miembros del **servicio militar** que sirvieron honorablemente durante por lo menos **un año**, en cualquier momento, y solicitan la naturalización dentro de cierto tiempo después de su servicio militar, también están exentos de los requisitos generales de residencia y presencia física.

Puede conocer las estadísticas de naturalizaciones estadounidenses más recientes en nuestra página web: **https://nuevosamericanos.com/**

La página web del USCIS

En la **página web del USCIS (https://www.uscis.gov/** o **https://www.uscis.gov/es** en español) podrá encontrar mucha información sobre esta agencia, la cual iremos detallando en las próximas páginas. Por ejemplo, puede encontrar la oficina del USCIS más próxima a donde usted reside, sean oficinas nacionales o internacionales del USCIS.

También puede encontrar una **guía rápida para acceder a los recursos del USCIS** en nuestra página **https://nuevosamericanos.com/**

A. Formularios

En la página web del USCIS encontrará, entre otras, la siguiente información:

1 **Cómo obtener todos los formularios:**
   a) **¡Nunca pague** por los formularios de inmigración!
   b) Los formularios de USCIS y la cuenta en línea siempre son **gratuitos**.
   c) Presentar su formulario en línea le proporciona una manera **segura y fácil** de pagar las tarifas de su solicitud.
   d) Para los formularios que solo están disponibles en forma impresa, usted puede **descargar** el formulario e instrucciones gratuitamente en la página web del USCIS (**https://www.uscis.gov/** o **https://www.uscis.gov/es** en español), escribiendo en el buscador "Formularios".

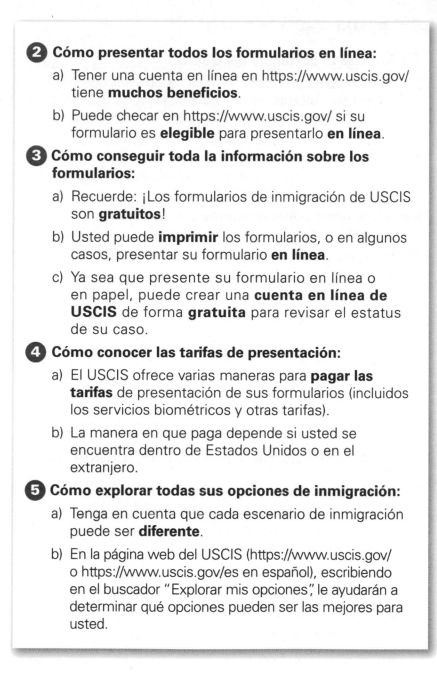

2 **Cómo presentar todos los formularios en línea:**

a) Tener una cuenta en línea en https://www.uscis.gov/ tiene **muchos beneficios**.

b) Puede checar en https://www.uscis.gov/ si su formulario es **elegible** para presentarlo **en línea**.

3 **Cómo conseguir toda la información sobre los formularios:**

a) Recuerde: ¡Los formularios de inmigración de USCIS son **gratuitos**!

b) Usted puede **imprimir** los formularios, o en algunos casos, presentar su formulario **en línea**.

c) Ya sea que presente su formulario en línea o en papel, puede crear una **cuenta en línea de USCIS** de forma **gratuita** para revisar el estatus de su caso.

4 **Cómo conocer las tarifas de presentación:**

a) El USCIS ofrece varias maneras para **pagar las tarifas** de presentación de sus formularios (incluidos los servicios biométricos y otras tarifas).

b) La manera en que paga depende si usted se encuentra dentro de Estados Unidos o en el extranjero.

5 **Cómo explorar todas sus opciones de inmigración:**

a) Tenga en cuenta que cada escenario de inmigración puede ser **diferente**.

b) En la página web del USCIS (https://www.uscis.gov/ o https://www.uscis.gov/es en español), escribiendo en el buscador "Explorar mis opciones", le ayudarán a determinar qué opciones pueden ser las mejores para usted.

B. Noticias

1 **Noticias importantes del USCIS:**

a) Usted puede encontrar todos los comunicados de prensa y **alertas** en la página de Noticias de USCIS, donde puede hacer su **búsqueda** por tema y fecha.

b) También incluye **actualizaciones** sobre políticas y procedimientos, al igual que noticias de último momento acerca de **cierres de oficinas** de USCIS y otras **emergencias**.

2 **Información sobre próximos eventos locales y nacionales.**

3 **Información estadística sobre inmigración.**

4 **Sala de Lectura Electrónica:**

a) La Sala de Lectura Electrónica pone a su disposición la información identificada bajo la Ley Libertad de Información (FOIA, por sus siglas en inglés).

b) Puede hacer su búsqueda por tema en el menú desplegable en la página.

C. Centro de Recursos para Ciudadanía

1 **Aprenda acerca de ciudadanía:**

Aprenderá acerca del **proceso de naturalización** y los **requisitos de elegibilidad** para convertirse en **ciudadano estadounidense**.

2 **Solicite la ciudadanía:**

Podrá solicitar la naturalización para convertirse en ciudadano. Presente el Formulario N-400, Solicitud para Naturalización, en línea.

3 **Encuentre materiales de estudio y recursos:**

Encontrará **materiales de estudio gratuitos** y recursos para prepararse para la entrevista y examen de naturalización.

4 **Recursos para programas educativos:**

Donde los educadores pueden encontrar materiales para suplementar recursos en el aula y enterarse sobre futuros seminarios de capacitación.

5 **Asimilación cívica:**

Donde aprenderá acerca del **Programa de Becas** de Ciudadanía y Asimilación, y sobre establecerse en Estados Unidos como un nuevo residente legal permanente.

6 **Herramientas de enlace comunitario:**

Donde las organizaciones podrán encontrar herramientas útiles y recursos para apoyar a los inmigrantes interesados en convertirse en ciudadanos.

¿Debería considerar la ciudadanía estadounidense?

Si está realizando este curso, seguramente está considerando hacerse ciudadano estadounidense, ¿cierto?

Veamos qué nos dice el Servicio de Ciudadanía e Inmigración (USCIS, por sus siglas en inglés) como respuesta a esta pregunta:

> La ciudadanía es lo que **conecta** a los estadounidenses. Somos una nación conectada no por raza o religión, sino por los valores comunes de **libertad** e **igualdad**.
>
> A través de nuestra **historia**, Estados Unidos ha acogido a los **recién llegados** de todas las partes el mundo. Los inmigrantes han ayudado a **crear** y **definir el país** que conocemos hoy. Sus contribuciones ayudan a preservar nuestro legado como una **tierra de libertad** y **oportunidades**.
>
> Más de 200 años después de nuestra fundación, los ciudadanos naturalizados aún son **una parte importante** de nuestra democracia. Al convertirse en ciudadano estadounidense, usted también tendrá **una voz** en cómo se gobierna nuestro país.
>
> La decisión de presentar la solicitud es **significativa**. La ciudanía ofrece muchos **beneficios** al igual que importantes **responsabilidades**. Al presentar su solicitud, usted demuestra su **compromiso** con este **país** y nuestra **forma** de **gobierno**.

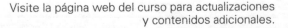

Visite la página web del curso para actualizaciones y contenidos adicionales.

Razones importantes para considerar la ciudadanía estadounidense

- **Votar.** Solo los ciudadanos estadounidenses pueden votar en **elecciones federales**. La mayoría de los estados también limitan el voto, en la mayoría de las elecciones, solo a los ciudadanos estadounidenses.

- **Servir en un jurado.** Solo ciudadanos estadounidenses pueden servir en un **jurado federal**. La mayoría de los estados limitan el servicio como jurado a ciudadanos estadounidenses. El servicio como jurado es una **responsabilidad importante** de los ciudadanos estadounidenses.

- **Viajar con un pasaporte estadounidense.** El pasaporte estadounidense le permite **obtener asistencia** del gobierno de Estados Unidos en el extranjero si fuera necesario.

- **Traer miembros de su familia a Estados Unidos.** Los ciudadanos estadounidenses generalmente tienen **prioridad** al presentar **peticiones** para traer **familiares** a este país **permanentemente**.

- **Obtener la ciudadanía para niños menores de 18 años.** En la mayoría de los casos, un **hijo nacido de padres estadounidenses** en el extranjero **automáticamente** es ciudadano estadounidense.

- **Solicitar empleos federales.** Algunos empleos con agencias del gobierno **requieren** la ciudadanía estadounidense.

- **Ser elegido a un cargo público.** Solo los ciudadanos estadounidenses pueden **postularse** para las oficinas **federales** (el Senado o la Casa de Representantes de Estados Unidos) y para **la mayoría** de las oficinas estatales y municipales.

- **Mantener su residencia.** El derecho de permanecer en los Estados Unidos **no se le puede quitar** a un ciudadano estadounidense.

○ **Ser elegible para becas federales.** Muchas **becas de ayuda financiera**, incluidas las becas educativas y fondos del gobierno con fines específicos, están disponibles **solo** para ciudadanos estadounidenses.

○ **Obtener otros beneficios del gobierno.** Algunos **beneficios** del gobierno están disponibles **solo** para ciudadanos estadounidenses.

Derechos y responsabilidades de la ciudadanía

A continuación, encontrará varios **derechos** y **responsabilidades** que todos los ciudadanos deben **respetar** y **ejercer**. Algunas de estas responsabilidades son requeridas legalmente de todo ciudadano, pero todas son importantes para asegurar que Estados Unidos continúe siendo una nación **libre** y **próspera**.

Derechos

○ Derecho de **expresión**.

○ Derecho de **religión**.

○ Derecho a un **juicio justo** y **rápido**.

○ Derecho a **votar** por oficiales públicos.

○ Derecho a solicitar **empleo federal** que requiere la ciudadanía estadounidense.

○ Derecho a **ser elegido** para cargos públicos.

○ Libertad para buscar "**vida, libertad** y la **búsqueda de felicidad.**"

Responsabilidades

- Apoyar y defender la **Constitución**.
- **Mantenerse informado** sobre lo que sucede en su comunidad.
- Participar en el **proceso democrático**.
- **Respetar y obedecer** todas las **leyes** federales, estatales y municipales.
- **Respetar** los **derechos**, **creencias** y **opiniones** de otros.
- **Participar** en su **comunidad** local.
- **Pagar impuestos** sobre los ingresos y otros impuestos, honestamente y a tiempo, a las autoridades federales, locales y municipales.
- **Servir en un Jurado** cuando se le necesite.
- **Defender a la nación** si se necesitara.

Texto transcrito de https://www.uscis.gov/

¿Quién le puede ayudar con sus preguntas de inmigración?

Recuerde

Confirme antes de confiarse. **Asegúrese** de que toda persona que le asista con su caso de inmigración **esté autorizada para ayudarle**.

1. Puede completar los formularios usted mismo y representarse por sí solo ante USCIS.

   a) El USCIS le guiará en su página web: **https://www.uscis.gov/**.

b) Si desea informarse en español, puede visitar la versión en español de la página web en **https://www.uscis.gov/es**.

c) En el apartado de **Recursos** del sitio web del USCIS:

    i. Puede averiguar el estatus de su caso.

    ii. Conocerá los tiempos de procesamiento actuales.

    iii. Puede informar sobre cambio de domicilio.

    iv. Obtendrá consejos para la presentación de formularios.

    v. Y listados de eventos locales del USCIS, nacionales, y en otros idiomas.

2 Puede consultar a la Asistente Virtual del USCIS, Emma:

a) En la página web del USCIS (**https://www.uscis.gov/**) puede **dialogar** con **Emma**, la asistente virtual del USCIS, **en inglés o en español**, acerca de sus **preguntas** sobre beneficios de inmigración. Emma también puede ayudarle a navegar por el sitio web del USCIS.

3 Encontrará servicios legales en la web del USCIS. Para ello, escriba "Servicios legales" en el buscador (**https://www.uscis.gov/** o **https://www.uscis.gov/es** en español).

4 Puede contactar a proveedores autorizados de servicios de inmigración:

a) **Representantes acreditados** por la Oficina de Programas de Acceso Legal (OLAP, por sus siglas en inglés) del Departamento de Justicia (DOJ, por sus siglas en inglés) y que trabajan para organizaciones reconocidas por DOJ.

b) **Abogados** de buena reputación que no estén sujetos a ninguna orden que restrinja su capacidad para ejercer la abogacía.

5 Los proveedores autorizados de servicios de inmigración pueden:

a) Darle **consejo** acerca de qué documentos presentar.

b) **Explicarle** las opciones de inmigración que usted puede tener.

c) **Comunicarse** con **USCIS** acerca de su caso.

6 Un abogado o representante acreditado por DOJ puede representarlo ante USCIS.

Recuerde

- **Obtenga** la **información** de inmigración del gobierno de los EE. UU., en sitios web que comiencen por **uscis.gov/es** o **state.gov**.
- **Confirme** que la persona que le ayude sea un **abogado** o **representante acreditado**.
- **Obtenga** un **recibo** si le paga a alguien para que le ayude.
- Haga **fotocopias** de los **formularios** preparados para usted.
- **Conserve** todas las **cartas** y **notificaciones** de **USCIS** en un lugar **seguro**.
- **Administre** su caso con herramientas de **autoayuda** en la web de USCIS.
- **Reporte** inmediatamente los **fraudes** de inmigración.

Naturalización y Ciudadanía

Convertirse en ciudadano estadounidense es una de las decisiones **más importantes** de un **inmigrante**. Según su situación, puede haber diferentes formas para obtener la ciudadanía:

○ **Naturalización** es el proceso por medio del cual se otorga la ciudadanía estadounidense a un ciudadano extranjero después que este haya cumplido con los requisitos establecidos por el Congreso de los Estados Unidos en la Ley de Inmigración y Nacionalidad (INA, por sus siglas en inglés).

○ **Adquisición** de ciudadanía a través de padres estadounidenses al nacer o después de haber nacido, pero antes de cumplir los 18 años de edad.

Curso de ciudadanía americana

Explore la web del USCIS (**https://www.uscis.gov/** o **https://www.uscis.gov/es** en español) y escriba en el buscador "Ciudadanía y Naturalización" para llegar a la página donde le ayudarán a determinar **cuál aplica a usted**. Según su situación, puede haber otros requisitos que usted deba cumplir.

Recuerde

Antes de presentar su solicitud, **asegúrese** que cumple con todos los **requisitos** de **elegibilidad** y verifique si **cualifica** para alguna **exención o acomodo**.

Veamos una **descripción general** del **proceso** de **solicitud** de la ciudadanía para entender **mejor** el proceso de convertirse en ciudadano de los Estados Unidos.

Para mayores detalles o para conocer qué hacer en cada paso, visite la web del USCIS (**https://www.uscis.gov/** o **https://www.uscis.gov/es** en español) y escriba en el buscador "Pasos hacia la Naturalización".

10 pasos hacia la Naturalización

1 Determine si usted ya es ciudadano estadounidense.

2 Determine si es elegible para la ciudadanía estadounidense.

3 Prepare su Formulario N-400, Solicitud de Naturalización.

4 Presente su Formulario N-400, Solicitud de Naturalización y pague las tarifas en línea.

5 Preséntese a su cita de datos biométricos, si es aplicable.

6 Complete la entrevista.

7 Reciba la decisión de USCIS sobre su Formulario N-400, Solicitud de Naturalización.

Visite la página web del curso para actualizaciones y contenidos adicionales.

8 Recibirá una notificación para prestar el Juramento de Lealtad.

9 Tome el Juramento de Lealtad a los Estados Unidos.

10 Entienda su ciudadanía estadounidense.

El Examen de Naturalización

Para hacerse ciudadano naturalizado de Estados Unidos, usted debe **aprobar** el **Examen de Naturalización**, que se hace en la entrevista de naturalización.

Durante la entrevista de naturalización, necesitará contestar **preguntas** sobre su **Formulario N-400, Solicitud de Naturalización** y sus antecedentes.

También tomará un **examen de inglés** y **educación cívica**, a menos que sea **elegible** para una **exención** o una **dispensa**.

Materiales de estudio

Para **prepararse** para el examen, USCIS le ofrece una gran variedad de **materiales de estudio**.

Explore la web del USCIS (**https://www.uscis.gov/** o **https://www.uscis.gov/es** en español) y escriba en el buscador "Materiales de estudio" para llegar a la página donde encontrar los recursos ofrecidos por el USCIS.

Con **nuestro curso**, le será también **muy fácil y práctico** conocer sobre el examen y practicar para superarlo **con soltura**. Vaya a las primeras páginas de este libro y encuentre la sección que describe cómo usar **nuestro Curso de Ciudadanía Americana**.

De acuerdo con su edad o a los años que tiene como residente permanente, existen **excepciones o modificaciones** para los requisitos de inglés y educación cívica.

Curso de ciudadanía americana

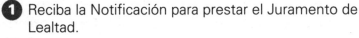

Visite la web del USCIS (**https://www.uscis.gov/**
o **https://www.uscis.gov/es** en español) y escriba
en el buscador "Excepciones y ajustes" para llegar a la página
donde encontrar esta información.

¿Qué ocurre si no aprueba?

Se le darán **dos oportunidades** de pasar el examen para las partes de inglés o educación cívica o para contestar las preguntas relacionadas a su Solicitud de Naturalización, Formulario N-400.

De no contestar satisfactoriamente alguna pregunta de estos exámenes en su entrevista inicial, se le **volverá a examinar** de la misma **porción** del examen que haya **reprobado** (inglés o educación cívica) en un segundo examen que tendrá lugar con posterioridad.

La Ceremonia de Naturalización

Si USCIS **aprueba** su Formulario N-400, Solicitud de Naturalización, la propia USCIS le coordinará su cita para hacer el **Juramento de Lealtad** en una **Ceremonia de Naturalización**. ¡Juramentar **completará** el proceso para convertirse en ciudadano estadounidense!

La Ceremonia de Naturalización en 5 pasos

1 Reciba la Notificación para prestar el Juramento de Lealtad.

2 Regístrese en la Ceremonia.

3 Devuelva su Tarjeta de Residente Permanente.

4 Preste el Juramento de Lealtad.

5 Reciba el Certificado de Naturalización.

Visite la página web del curso para actualizaciones
y contenidos adicionales.

Ya soy ciudadano estadounidense. ¿Y ahora?

1 Solicite su pasaporte estadounidense a través del Departamento de Estado tan pronto preste su Juramento de Fidelidad.

2 Inscríbase para votar.

3 Actualice su expediente de Seguro Social.

> Puede ver los **vídeos del USCIS** sobre las **ceremonias** de **naturalización** en el canal del USCIS en YouTube o acceder a ellos a través de la página web de **nuestro curso** en **https://nuevosamericanos.com/**

Evite las estafas de inmigración

Queremos evitar que usted se convierta en **víctima** de una estafa de inmigración.

Si necesita ayuda legal sobre asuntos de inmigración, debe asegurarse de que la persona que le ayuda **está autorizada** a brindarle **consejo legal**.

> En la página web del USCIS (**https://www.uscis.gov/** o **https://www.uscis.gov/es** en español) puede **reportar** el **fraude** y **abuso** de inmigración. Si recibió un mensaje de correo electrónico sospechoso o fue testigo de alguna estafa de inmigración, **repórtelo inmediatamente** al USCIS o la Comisión Federal de Comercio (FTC, por sus siglas en inglés), por teléfono o en su página web (**https://reportfraud.ftc.gov/#/**) o incluso a las autoridades locales o estatales.

Recuerde

> **Solamente** un **abogado** o un **representante autorizado** que trabaje para una organización reconocida por el Departamento de Justicia (DOJ, por sus siglas en inglés) puede darle **consejo legal**.

Estafas más comunes

La página web del USCIS (**https://www.uscis.gov/** o **https://www.uscis.gov/es** en español) en su sección de Centro de Recursos para Evitar Estafas de Inmigración le ofrece una gran variedad de recursos para **evitar estafas de inmigración** como **videos** (en el canal del USCIS en YouTube), **folletos** o **fotonovelas** de la Comisión Federal del Comercio (FTC, por sus siglas en inglés).

Las estafas **más comunes** con las que puede encontrase se relacionan con los temas que detallamos a continuación. Lea detenidamente.

Notarios públicos

- En muchos países latinoamericanos, el término "notario público" se refiere a **algo muy diferente** a lo que significa en los Estados Unidos.

- En diversas naciones de habla hispana, los "notarios" son **abogados** con credenciales legales **especiales**.

- **Sin embargo**, en Estados Unidos los notarios públicos son personas designadas por los gobiernos estatales para **presenciar la firma** de documentos importantes y administrar los juramentos.

- Ser un "notario público" **no autoriza** a una persona a proporcionarle ningún **servicio legal** relacionado con inmigración.

- Sólo un abogado o representante acreditado que trabaje para una organización reconocida por el Departamento de Justicia (DOJ, por sus siglas en inglés) puede darle consejo legal.

- Para más información, visite la página web https://www.justice.gov/eoir/recognition-and-accreditation-program del Departamento de Justicia.

Pagos por teléfono o correo electrónico

- USCIS **nunca** le pedirá que transfiera dinero a una persona.
- USCIS **no acepta** Western Union, MoneyGram, Paypal, o tarjetas de regalo como pago para tarifas de inmigración.
- Además, USCIS **nunca** le pedirá que pague tarifas a una persona por **teléfono** o **correo electrónico**.
- Usted puede pagar algunas tarifas de inmigración **en línea**, pero solo si paga a través de su **cuenta de USCIS** en línea y https://pay.gov/.
- Recuerde, usted puede encontrar más información sobre pagos en línea al USCIS en la página web del USCIS (**https://www.uscis.gov/**) sobre **Pago de Tarifas a USCIS**.

Sitios web fraudulentos

- Algunos sitios web **alegan** estar afiliados a USCIS y ofrecen instrucciones paso por paso sobre cómo completar una solicitud o petición de inmigración.
- Asegúrese de que su información proviene de **USCIS.gov** u otra fuente **legítima** afiliada con USCIS.
- Asegúrese de que la dirección termine en **.gov**.
- Recuerde que desde el USCIS **nunca** le pedirán **que pague** por descargar los formularios de USCIS. Los formularios del USCIS son **siempre gratuitos** en **https://www.uscis.gov/**.
- Usted también puede llamar al 800-870-3676 para **solicitar copias** de formularios **por teléfono**. Asimismo, puede pedirlas **por correo**.

Pagar dinero por conexiones o acelerar el tiempo de procesamiento

- Algunas empresas y sitios web **alegan ser expertos** en inmigración o que tienen **conexiones especiales** con el gobierno.

- También pueden "**garantizar**" obtener una visa, Tarjeta de Residente Permanente o permiso de trabajo **más rápidamente** si paga una tarifa.

- Recuerde, USCIS **no hace excepciones** en los tiempos de procesamiento normales, y **nadie** puede obtener estos servicios más rápido que toma el proceso **habitual**.

- Verifique los **tiempos de procesamiento** de casos en línea en **https://www.uscis.gov/**.

! NUNCA...

- **NUNCA pague** los formularios de inmigración. Puede obtener los formularios gratuitamente en (**https://www. uscis.gov/** o **https://www.uscis.gov/es** en español, busque "Formularios"), o en su oficina local de USCIS.

- **NUNCA firme** un formulario en blanco. **Confirme** que todos los formularios estén completos antes de firmarlos.

- **NUNCA firme** ningún formulario que tenga información falsa.

- **NUNCA envíe** documentos originales como evidencia para respaldar su solicitud a menos que USCIS le pida el original.

El día de la entrevista

Llegue al menos 30 minutos antes de su cita. Al llegar, le harán pasar por un control de seguridad. Le pedirán una **identificación** con foto y la carta oficial con la notificación de su cita. Informe que llegó para su entrevista y le harán pasar a una sala de espera, donde presentará de nuevo su **documentación** a los oficiales de inmigración. Vista apropiadamente para la situación. Piense que en algunos casos la Ceremonia de Naturalización puede tener lugar el mismo día, poco después de su entrevista.

Durante la entrevista

Siéntase cómodo y seguro de sí mismo, pero no luzca arrogante. **Muestre siempre una actitud de respeto** hacia su entrevistador y no discuta con el oficial. Mantenga una posición relajada cuando esté sentado, pero con la espalda recta. Escuche atentamente las preguntas del oficial de inmigración. Si no entiende la pregunta, pida que le repita la pregunta o que use otras palabras, pero nunca invente o responda cualquier cosa si no entiende lo que le dicen. Si no sabe la respuesta, dígalo. **Siempre diga la verdad**, y no pretenda ocultar información o mentir, pues el oficial seguramente tiene acceso a toda la información sobre usted.

La documentación

Lleve consigo a la entrevista la **carta oficial con la notificación de su cita, una identificación de su estado con foto, su Tarjeta Verde (Green Card), y todos los pasaportes**, tanto vigentes como ya vencidos. No olvide llevar consigo también todos los documentos originales (con su traducción oficial si no estuvieran en inglés) que el oficial de inmigración le puede solicitar, tanto de usted como de su cónyuge si está aplicando en base al matrimonio con un ciudadano estadounidense. Es buena idea llevar consigo sus declaraciones de impuestos.

> Visite la página web del USCIS y, en particular, el formulario M-477 para saber qué documentos llevar consigo a la entrevista.

Recomendaciones

Le recomendamos llevar una copia de sus respuestas al formulario N-400 y que las repase muy bien antes de la entrevista. **Memorice la información de fechas y lugares mencionados en sus respuestas del formulario.** El oficial de inmigración le preguntará de nuevo todas o una parte de las preguntas del formulario, tanto para verificar las respuestas, y actualizarlas si fuera el caso, como para evaluar su nivel de inglés conversacional. Aprenda el significado de palabras difíciles del N-400 pues el oficial de inmigración puede preguntarle su significado en inglés.

Si viajó al extranjero después de presentar en su día el formulario N-400, no olvide mencionarlo al oficial de inmigración durante la entrevista. Igualmente, si cambió de dirección (lleve copia del formulario AR-11), o si se casó o divorció, o si recibió multas de tráfico, infórmelo también y lleve consigo toda la documentación y evidencias al respecto, así como pruebas del pago de multas.

El resultado del examen

Al final de su entrevista de ciudadanía estadounidense, se le pedirá que **firme su solicitud y sus fotos**. El oficial le dará una notificación de resultados del examen (formulario N-652) sin importar lo que sucedió en su entrevista. El formulario N-652 le dirá si pasó o reprobó, o si por alguna razón su caso continúa. Sin importar el resultado de la entrevista, USCIS tiene 120 días a partir de la fecha de la entrevista de naturalización inicial para emitir una decisión. Si pasó el examen, recibirá un **aviso** indicando cuándo y dónde tendrá lugar su **ceremonia**.

Si **reprobó** el examen de inglés y / o educación cívica, se le examinará en una fecha posterior solo en la sección o secciones del examen que reprobó, no en todo el examen.

Se le reprogramará una segunda entrevista dentro de los 60 a 90 días posteriores a su primera entrevista. Si vuelve a suspender la prueba de ciudadanía estadounidense durante su segunda entrevista, su solicitud será denegada.

A veces, el oficial no podrá tomar una decisión porque necesita documentos adicionales. El oficial le entregará el formulario N-14 en el que se explica qué documentos debe proporcionar, cuándo y cómo debe proporcionarlos. Si no sigue las instrucciones, USCIS podría denegar su solicitud.

Si su caso es **denegado**, recibirá un aviso por escrito por correo en el que se explicará por qué fue denegado. En este caso, puede optar por solicitar una audiencia de apelación con un oficial de USCIS. También puede optar por volver a presentar la solicitud cuando crea que cumple con todos los requisitos de solicitud de ciudadanía. Le sugerimos el asesoramiento de un abogado.

¿Cuándo se convierte en ciudadano estadounidense?

Incluso si el oficial le dice que ha sido aprobado, tenga en cuenta que **no es ciudadano hasta que haya pasado por la ceremonia de juramento y reciba su certificado de naturalización**. Si su ceremonia no es el mismo día de su entrevista, USCIS también le preguntará si algo ha cambiado desde su entrevista, así que asegúrese de no hacer nada antes de la ceremonia que pueda comprometer sus posibilidades de convertirse en ciudadano estadounidense.

Este puede ser un gran día en su vida. ¡Disfrútelo y vívalo con intensidad y sin miedos!

100

Civics questions and answers

Curso de Educación Cívica

Conozca los componentes de las 100 preguntas de Educación Cívica

 AMERICAN GOVERNMENT

a) Principles of American Democracy (1-12)

b) System of Government (13-47)

c) Rights and Responsibilities (48-57)

2 AMERICAN HISTORY

a) Colonial Period and Independence (58-70)

b) 1800s (71-77)

c) Recent American History and Other Important Historical Information (78-87)

3 INTEGRATED CIVICS

a) Geography (88-95)

b) Symbols (96-98)

c) Holidays (99-100)

 GOBIERNO ESTADOUNIDENSE

a) Principios de la democracia estadounidense (1-12)

b) Sistema de gobierno (13-47)

c) Derechos y responsabilidades (48-57)

2 HISTORIA ESTADOUNIDENSE

a) Época colonial e independencia (58-70)

b) Los años 1800 (71-77)

c) Historia estadounidense reciente y otra información histórica importante (78-87)

3 EDUCACIÓN CÍVICA INTEGRADA

a) Geografía (88-95)

b) Símbolos (96-98)

c) Días feriados (99-100)

Civics questions and answers

Preguntas y respuestas de Educación Cívica

A continuación, encontrará 100 preguntas y respuestas de educación cívica (historia y gobierno de EE. UU.) del examen de naturalización. Todas aparecen en inglés con su correspondiente traducción al español. Para que le sea más fácil comprender y recordar las respuestas, hemos creado para usted el Curso de Ciudadanía: cada respuesta viene debidamente explicada en detalle, lo que le ayudará mucho a prepararse para responder correctamente las preguntas de educación cívica.

El examen de educación cívica es un examen oral durante el cual el oficial de USCIS le hará 10 de estas 100 preguntas. Usted debe contestar correctamente 6 de las 10 preguntas para aprobar la sección de educación cívica del examen de naturalización.

En el examen de naturalización, algunas respuestas varían y pueden cambiar por motivo de elecciones o nombramientos. Usted debe tener conocimiento de las respuestas actuales a estas preguntas, y debe contestar estas preguntas con el nombre del oficial o funcionario que sirve en el puesto al momento de su entrevista con USCIS. El oficial de USCIS no aceptará una respuesta equivocada.

Aunque USCIS reconoce que podría haber otras respuestas correctas a las 100 preguntas sobre educación cívica, recomendamos que responda usando las respuestas que se proveen aquí.

Visite la página web del curso para actualizaciones y contenidos adicionales.

AMERICAN GOVERNMENT
GOBIERNO ESTADOUNIDENSE

A: Principles of American Democracy

A: Principios de la democracia estadounidense

1. **What is the supreme law of the land?**
   •*The Constitution.*
   ¿Cuál es la ley suprema de la nación?
   • *La Constitución.*

La Constitución es la ley suprema de la nación, por lo que las demás leyes han de seguirla. La Constitución es un documento que se elaboró tras la Guerra de la Independencia, cuando se necesitaron nuevas normas para regir el país. Los Padres Fundadores se reunieron en la llamada Convención Constitucional, en Filadelfia, donde la redactaron en 1787.

100

Civics questions and answers
Educación Cívica
(Historia y gobierno de los Estados Unidos)

2. **What does the Constitution do?**
   • Sets up the government / Defines the government / Protects basic rights of Americans.
   ¿Qué hace la Constitución?
   • Establece el gobierno / Define el gobierno / Protege los derechos básicos de los ciudadanos.

La Constitución establece el gobierno y sus órganos (ejecutivo, legislativo y judicial), define la función de cada uno de ellos y protege las libertades y los derechos básicos de los ciudadanos, como la libertad de expresión.

3. **The idea of self-government is in the first three words of the Constitution. What are these words?**
   • We, the People.
   Las primeras tres palabras de la Constitución contienen la idea de la autodeterminación (de que el pueblo se gobierna a sí mismo). ¿Cuáles son estas palabras?
   • Nosotros, el Pueblo.

Nosotros, el Pueblo (We, the People) son las tres primeras palabras de la Constitución, contemplando así la idea de autogobierno. De esta manera, los ciudadanos de los Estados Unidos son quienes eligen a sus representantes para el gobierno, que, a su vez, es quien se ocupa de elaborar las leyes que rigen el país.

4. What is an amendment?

• *A change (to the Constitution) / An addition (to the Constitution).*

¿Qué es una enmienda?

• *Un cambio (a la Constitución) / Una adición (a la Constitución).*

Una enmienda es todo aquel cambio, sea eliminación o añadidura de texto, que afecta a un documento ya existente. En el caso que nos ocupa, es todo cambio que afecta a la Constitución tras haber sido redactada.

5. What do we call the first ten amendments to the Constitution?

• *The Bill of Rights.*

¿Con qué nombre se conocen las primeras diez enmiendas a la Constitución?

• *La Carta de Derechos.*

Las diez primeras enmiendas a la Constitución fueron ratificadas conjuntamente y se conocen como La Carta de Derechos, que sirve para proteger los derechos naturales de la libertad y la propiedad, así como para garantizar una serie de libertades personales, limitar el poder del gobierno en ciertos procedimientos, como los judiciales, y reservar algunos poderes a los estados y los ciudadanos.

Civics questions and answers
Educación Cívica
(Historia y gobierno de los Estados Unidos)

100

✳ 6. What is <u>one</u> right or freedom from the First Amendment?

65
20

• *Speech, religion, assembly, press, petition the government.*

¿Cuál es <u>un</u> derecho o libertad que la Primera Enmienda garantiza?

• *Expresión, religión, reunión, prensa, peticionar al gobierno.*

Por medio de la Primera Enmienda se garantizan a los ciudadanos el derecho a expresarse con libertad, a profesar cualquier credo religioso, a reunirse o asociarse, protestar, manifestarse o expresar sus opiniones de una manera no violenta, a publicar sus propios periódicos o revistas, noticias u opiniones, o a apelar al gobierno a favor o en contra de políticas que les afecten, apoyar una causa de interés y presionar a las entidades legislativas a favor o en contra de alguna ley.

7. How many amendments does the Constitution have?

• *Twenty-seven (27).*

¿Cuántas enmiendas tiene la Constitución?

• *Veintisiete (27).*

Desde su aprobación en 1787 la Constitución ha tenido veintisiete enmiendas. Para realizar una enmienda se siguen dos pasos. En primer lugar, la propuesta ha de tener el apoyo de, al menos, dos tercios de los miembros del Congreso (de la Cámara de Representantes y del Senado). Posteriormente se precisa la ratificación de la enmienda propuesta, que necesita ser aprobada por tres cuartos de los estados o un voto mayoritario de las legislaturas estatales. De las 27 enmiendas, las 10 primeras fueron ratificadas conjuntamente y se conocen como la Carta de Derechos, mientras que las 17 restantes fueron ratificadas posteriormente.

Visite la página web del curso para actualizaciones y contenidos adicionales.

8. What did the Declaration of Independence do?
• Announced our independence (from Great Britain) / Declared our independence (from Great Britain) / Said that the United States is free (from Great Britain).

¿Qué hizo la Declaración de Independencia?
• Anunció nuestra independencia (de Gran Bretaña) / Declaró nuestra independencia (de Gran Bretaña) / Dijo que los Estados Unidos se independizaron (de Gran Bretaña).

La Declaración de Independencia, es un documento de suma importancia para los estadounidenses. En el siglo XVIII los colonos argumentaron que Gran Bretaña no respetaba sus derechos, razón por la que deseaban liberarse de dicho país y declarar su independencia. La Declaración de Independencia fue escrita por Thomas Jefferson y adoptada el 4 de julio de 1776; por este motivo los estadounidenses celebran el Día de la Independencia el 4 de julio.

9. What are <u>two</u> rights in the Declaration of Independence?
• Life, liberty, pursuit of happiness.

¿Cuáles son <u>dos</u> de los derechos en la Declaración de Independencia?
• La vida, la libertad, la búsqueda de la felicidad.

En la Declaración de Independencia se afirma que "todos los hombres son creados iguales" y recoge tres derechos como fundamentales: el derecho a la vida, a la libertad y a la búsqueda de la felicidad.

Civics questions and answers
Educación Cívica
(Historia y gobierno de los Estados Unidos)

10. What is freedom of religion?

• *You can practice any religion, or not practice a religion.*

¿En qué consiste la libertad de religión?

• *Se puede practicar cualquier religión o no practicar ninguna.*

Por medio de la libertad de culto o religión se prohíbe que se promulgue ley alguna con respecto a la adopción de una religión a nivel estatal o nacional, así como se garantiza que los ciudadanos tienen derecho a la práctica del culto religioso que prefieran, o a no profesar ningún culto.

11. What is the economic system in the United States?

• *Capitalist economy / Market economy.*

¿Cuál es el sistema económico de los Estados Unidos?

• *Economía capitalista / Economía del mercado.*

La economía capitalista es un sistema económico basado en la propiedad privada del capital, en el que cada persona tiene derecho a invertir dinero, trabajar en negocios privados o comprar y vender, sin restricciones por parte del estado.

12. What is the "rule of law"?

• *Everyone must follow the law / Leaders must obey the law / Government must obey the law / No one is above the law.*

¿En qué consiste el "estado de derecho" (ley y orden)?
• *Todos deben obedecer la ley / Los líderes tienen que obedecer la ley / El gobierno debe obedecer la ley / Nadie está por encima de la ley.*

El estado de derecho es aquel en el que ningún ciudadano está por encima de la ley y todos, incluido el gobierno, están sometidos a los dictados de la misma. Un estado de derecho opera por un sistema de leyes ordenadas en torno a una constitución, que organiza y fija límites al gobierno y garantiza los derechos de las personas.

B: System of Government

B: Sistema de gobierno

13. Name <u>one</u> branch or part of the government.
   • *Congress / legislative; President / executive; the Courts / judicial*
   Nombre <u>una</u> rama o parte del gobierno.
   • *Congreso / poder legislativo; presidente / poder ejecutivo; Los tribunales / poder judicial.*

El gobierno de los Estados Unidos está formado por tres órganos: el ejecutivo, el legislativo y el judicial. Cada una de estas ramas tiene un papel esencial en la función del gobierno y fueron establecidas en los artículos 1 (legislativo), 2 (ejecutivo) y 3 (judicial) de la Constitución de los Estados Unidos.

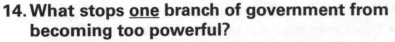

100 Civics questions and answers
Educación Cívica
(Historia y gobierno de los Estados Unidos)

14. What stops <u>one</u> branch of government from becoming too powerful?
• *Checks and balances / Separation of powers.*

¿Qué es lo que evita que <u>una</u> rama del gobierno se vuelva demasiado poderosa?

• *Pesos y contrapesos / Separación de poderes.*

Los órganos legislativo, ejecutivo y judicial son distintas ramas del gobierno de la nación, que, aunque son poderes separados (la denominada "separación de poderes"), ninguna rama tiene más poder que las otras, equilibrándose unas a otras.

15. Who is in charge of the executive branch?
•*The President.*

¿Quién está a cargo de la rama ejecutiva?

• *El presidente.*

Dicho poder ejecutivo lo conforman el presidente, el vicepresidente y 15 departamentos, como el de Estado, Defensa, Interior, Transporte y Educación.
El presidente es la cabeza del poder ejecutivo y, como tal, tiene muchas responsabilidades. Él elige al vicepresidente y a los miembros de su gabinete que estarán al mando de los respectivos departamentos. Una de las funciones fundamentales del poder ejecutivo es asegurar que las leyes se llevan a cabo y hacer cumplir las responsabilidades del gobierno federal, como la recaudación de impuestos, la seguridad nacional y la representación de los intereses políticos y económicos de los Estados Unidos en el mundo.

46

Visite la página web del curso para actualizaciones
y contenidos adicionales.

16. Who makes federal laws?
•The Congress / Senate and House (of Representatives) / (U.S. or national) legislature.

¿Quién crea las leyes federales?

• *El Congreso / El Senado y la Cámara (de Representantes) / La legislatura (nacional o de Estados Unidos).*

El Congreso, formado por el Senado y la Cámara de Representantes, es el encargado de elaborar las leyes federales. Los congresistas pueden proponer una idea para una nueva ley. Es lo que se denomina "proyecto de ley". Tras la aprobación del mismo por las dos cámaras, el proyecto llega al presidente. Si está de acuerdo con él, lo firma y se convierte en ley; si no está de acuerdo con él, puede vetarlo y, en tal caso, el Congreso puede decidir votarlo de nuevo para anular el veto. El Congreso también puede realizar cambios en el proyecto de ley y enviarlo de nuevo al presidente para su aprobación.

✳
65
20

17. What are the <u>two</u> parts of the U.S. Congress?
•The Senate and House (of Representatives).

¿Cuáles son las <u>dos</u> partes que integran el Congreso de los Estados Unidos?

• *El Senado y la Cámara (de Representantes).*

El Congreso de los Estados Unidos, órgano encargado de elaborar las leyes federales, está formado por dos instituciones: el Senado y la Cámara de Representantes. Su sede se encuentra en el edificio del Capitolio, en Washington D.C.

Civics questions and answers
Educación Cívica
(Historia y gobierno de los Estados Unidos)

100

18. How many U.S. Senators are there?
- ***One hundred (100).***

¿Cuántos senadores de los Estados Unidos hay?
- *Cien (100).*

El Senado de los EE. UU. está compuesto por 100 miembros: dos senadores por cada uno de los 50 estados. Los senadores representan a toda la población de cada estado.
El Senado está presidido por el vicepresidente de los Estados Unidos, quien asiste a ceremonias importantes y vota en caso de empate.

19. We elect a U.S. Senator for how many years?
- ***Six (6).***

¿De cuántos años es el término de elección de un senador de los Estados Unidos?
- *Seis (6).*

Los senadores son elegidos para un período de seis años y no hay límite de mandatos para los que pueden ser reelegidos.
Para optar como candidato al Senado se precisa cumplir una serie de requisitos:
a) Ser mayor de 30 años
b) Ser ciudadano de EE. UU. durante, al menos, 9 años
c) Residir en el estado por el que se presenta como candidato

Visite la página web del curso para actualizaciones y contenidos adicionales.

20. Who is <u>one</u> of your state's U.S. Senators now?
   • *Answers will vary. Visit uscis.gov/citizenship/ testupdates for the list of current United States senators. [District of Columbia residents and residents of U.S. territories should answer that D.C. (or the territory where the applicant lives) has no U.S. Senators].*
   Nombre a <u>uno</u> de los senadores actuales del estado donde usted vive.
   • *Las repuestas variarán. Visite uscis.gov/es/ y busque "Actualizaciones al examen" [Los residentes del Distrito de Columbia y los territorios de los Estados Unidos deberán contestar que el D.C. (o territorio en donde vive el solicitante) no cuenta con senadores a nivel nacional].*

En este caso habría que responder con el nombre de alguno de los senadores que representen al estado en cuestión en ese momento.

21. The House of Representatives has how many voting members?
   • *Four hundred thirty-five (435).*
   ¿Cuántos miembros votantes tiene la Cámara de Representantes?
   • *Cuatrocientos treinta y cinco (435).*

La Cámara de Representantes cuenta con 435 miembros votantes, representando cada uno de ellos a un área de un estado, llamado distrito. La Cámara está presidida por el "Speaker", que es quien asumiría la presidencia del país en caso de incapacidad del presidente y del vicepresidente.

Civics questions and answers
Educación Cívica
(Historia y gobierno de los Estados Unidos)

22. We elect a U.S. Representative for how many years?
- *Two (2).*

¿De cuántos años es el término de elección de un representante de los Estados Unidos?
- *Dos (2).*

Los representantes de la Cámara son elegidos para un período de dos años y no hay límite de mandatos para los que pueden ser reelegidos.
Para optar como candidato a la Cámara de Representantes se precisa cumplir una serie de requisitos:
a) Ser mayor de 25 años.
b) Ser ciudadano de EE. UU. durante, al menos, 7 años.
c) Residir en el estado por el que se presenta como candidato.

23. Name your U.S. Representative.
- *Answers will vary. Visit uscis.gov/ citizenship/testupdates for the list of current members of the United States House of Representatives. [Residents of territories with nonvoting Delegates or Resident Commissioners may provide the name of that Delegate or Commissioner. Also acceptable is any statement that the territory has no (voting) Representatives in Congress].*

Dé el nombre de su representante a nivel nacional.
- *Las respuestas variarán. Visite uscis.gov/es/ y busque "Actualizaciones al examen". [Los residentes de territorios con delegados no votantes o comisionados residentes pueden decir el nombre de dicho delegado o comisionado.*

Visite la página web del curso para actualizaciones y contenidos adicionales.

Una respuesta que indica que el territorio no tiene representantes votantes en el Congreso también es aceptable].

En este caso habría que responder con el nombre del representante del distrito en que se resida en ese momento.

24. Who does a U.S. Senator represent?
• *All people of the state.*
¿A quiénes representa un senador de los Estados Unidos?
• *A todas las personas del estado.*

Un senador tiene diversas responsabilidades. La primera de ellas es representar a todas las personas del estado por el que ha sido elegido. Además, y entre otras cosas, es responsable de aprobar los nombramientos del presidente para formar parte del Gabinete, de la Corte Suprema de Justicia, o de aprobar cualquier tratado que el presidente suscriba con otros países.

25. Why do some states have more Representatives than other states?
• *(Because of) the state population / (Because) they have more people / (Because) some states have more people.*
¿Por qué tienen algunos estados más representantes que otros?
• *Debido a la población del estado. / Porque tienen más gente. / Debido a que algunos estados tienen más gente.*

El número de representantes de cada estado en la Cámara de Representantes depende de la población del estado. De esta manera, California, con una gran población, tiene muchos representantes; en cambio, Alaska, con una población menor, tiene menos representantes.

100

Civics questions and answers
Educación Cívica
(Historia y gobierno de los Estados Unidos)

26. We elect a President for how many years?
• Four (4).
¿De cuántos años es el término de elección de un presidente?
• *Cuatro (4).*

En Estados Unidos las elecciones presidenciales tienen lugar cada cuatro años y el candidato elegido puede optar a ser reelegido sólo para un segundo mandato.
La Constitución recoge tres requerimientos para presentarse como candidato presidencial:
1. Haber nacido como ciudadano de los Estados Unidos.
2. Ser mayor de 35 años.
3. Haber sido residente en los Estados Unidos durante, al menos, 14 años.

✱ **27. In what month do we vote for President?**
65
20
• November.
¿En qué mes votamos por un nuevo presidente?
Noviembre.

Las elecciones presidenciales tienen lugar en el mes de noviembre y el candidato elegido jura el cargo y realiza la toma de posesión del mismo en el mes de enero posterior a las elecciones.

✱ **28. What is the name of the current President of**
65
20
the United States?
• To answer this question, you must include the last name or the first and last name of the current President of the United States. Visit uscis.gov/citizenship/testupdates for the name of the President of the United States.

Visite la página web del curso para actualizaciones
y contenidos adicionales.

¿Cómo se llama el actual presidente de los Estados Unidos?
• *Para responder a esta pregunta hay que decir el apellido o nombre y apellido del actual presidente de los Estados Unidos. Visite uscis.gov/es/ y busque "Actualizaciones al examen".*

29. What is the name of the current Vice President of the United States?

• **To answer this question, you must include the last name or the first and last name of the current Vice President of the United States. Visit uscis.gov/citizenship/testupdates for the name of the Vice President of the United States.**

¿Cómo se llama el actual vicepresidente de los Estados Unidos?
• *Para responder a esta pregunta hay que decir el apellido o nombre y apellido del actual vicepresidente de los Estados Unidos. Visite uscis.gov/es/ y busque "Actualizaciones al examen".*

30. If the President can no longer serve, who becomes President?

• **The Vice President.**

Si el presidente ya no puede cumplir sus funciones, ¿quién se convierte en presidente?
• *El vicepresidente.*

La Constitución recoge que si el presidente no puede desarrollar sus funciones, muere, dimite o es apartado del cargo, el vicepresidente asume la presidencia del país. Este hecho ya se ha repetido varias veces en la historia de los Estados Unidos.

100 Civics questions and answers
Educación Cívica
(Historia y gobierno de los Estados Unidos)

31. If both the President and the Vice President can no longer serve, who becomes President?
•*The Speaker of the House.*
Si tanto el presidente como el vicepresidente ya no pueden cumplir sus funciones, ¿quién se vuelve presidente?
• *El presidente de la Cámara de Representantes.*

La Cámara está presidida por el "Speaker" (presidente de la Cámara de Representantes), que es quien asumiría la presidencia del país en caso de incapacidad del presidente y del vicepresidente, al ser el tercer cargo de más rango del país.

32. Who is the Commander in Chief of the military?
•*The President.*
¿Quién es el comandante en jefe de las Fuerzas Armadas?
• *El presidente.*

En su cargo como dirigente del país, el presidente es la cabeza del ejecutivo y, entre sus responsabilidades, está el ser comandante en jefe de las Fuerzas Armadas. En este papel el presidente da órdenes al ejército.

33. Who signs bills to become laws?
•*The President.*
¿Quién firma los proyectos de ley para convertirlos en leyes?
• *El presidente.*

Otra de las responsabilidades del presidente es firmar los proyectos de ley que provienen del Congreso para que se conviertan en leyes propiamente dichas.

34. Who vetoes bills?
  • **The President.**
  • ¿Quién veta los proyectos de ley?
  El presidente.

El presidente tiene la facultad tanto de firmar los proyectos de ley para convertirlos en leyes como de vetarlos, es decir, oponerse a ellos. En este caso, los proyectos de ley vuelven al Congreso, que decidirá si votarlos de nuevo o asumir el veto del presidente.

35. What does the President's Cabinet do?
  • **Advises the President.**
  ¿Qué hace el Gabinete del presidente?
  • *Asesora al presidente.*

El presidente cuenta con un grupo de asesores que conforman el llamado Gabinete. Los miembros que lo forman, y que lideran diferentes departamentos del ejecutivo, son expertos en sus respectivos campos y su principal responsabilidad es asesorar al presidente en la toma de decisiones importantes. Hay 15 miembros en el Gabinete, además del vicepresidente, y la mayoría de ellos tienen el nombre de "secretario".

36. What are <u>two</u> Cabinet-level positions?
  • **Secretary of Agriculture, Secretary of Commerce, Secretary of Defense, Secretary of Education, Secretary of Energy, Secretary of Health and Human Services, Secretary of Homeland Security, Secretary of Housing and Urban Development, Secretary of the**

Civics questions and answers
Educación Cívica
(Historia y gobierno de los Estados Unidos)

Interior, Secretary of Labor, Secretary of State, Secretary of Transportation, Secretary of the Treasury, Secretary of Veterans Affairs, Attorney General, Vice President.

¿Cuáles son <u>dos</u> puestos a nivel de Gabinete?

• *Secretario de Agricultura, secretario de Comercio, secretario de Defensa, secretario de Educación, secretario de Energía, secretario de Salud y Servicios Humanos, secretario de Seguridad Nacional, secretario de Vivienda y Desarrollo Urbano, secretario del Interior, secretario de Trabajo, secretario de Estado, secretario de Transporte, secretario del Tesoro, secretario de Asuntos de Veteranos, procurador general, vicepresidente.*

En este caso se solicita que se nombren dos de los distintos puestos que se acaban de enumerar.

37. What does the judicial branch do?

• *Reviews laws / Explains laws / Resolves disputes (disagreements) / Decides if a law goes against the Constitution.*

¿Qué hace la rama judicial?

• *Revisa leyes / Explica las leyes / Resuelve disputas (desacuerdos) / Decide si una ley va en contra de la Constitución.*

Además de revisar y explicar las leyes y resolver disputas, la principal misión del Poder Judicial es asegurar que ninguna ley viole la Constitución. Si una ley va en contra de la Constitución, se denomina "anticonstitucional".

Visite la página web del curso para actualizaciones y contenidos adicionales.

38. What is the highest court in the United States?
• The Supreme Court.
¿Cuál es el tribunal más alto de los Estados Unidos?
• *La Corte Suprema.*

La Corte Suprema de Justicia es el tribunal más alto y de última instancia del país y su papel en el gobierno federal es el de explicar el significado de la Constitución cuando revisa leyes. Si alguien no está conforme con una ley puede desafiarla en el tribunal. Si la Corte Suprema acuerda que la ley sigue los principios recogidos en la Constitución, se mantiene como ley; pero si decide que la ley no sigue la Constitución, la ley es derogada (invalidada). Sus decisiones afectan a toda la población de los Estados Unidos y son definitivas, por lo que todas las demás leyes han de someterse a ellas.

39. How many justices are on the Supreme Court?
• Visit uscis.gov/citizenship/testupdates for the number of justices on the Supreme Court.
¿Cuántos jueces hay en la Corte Suprema de Justicia?
• *Visite uscis.gov/es/ y busque "Actualizaciones al examen" para saber el número de jueces en la Corte Suprema.*

La Corte Suprema está formada por nueve jueces.
Los redactores de la Constitución querían que los jueces de la Corte Suprema tomaran decisiones judiciales basadas en la ley y no en la política. Por lo tanto, estos jueces no son elegidos, sino nombrados por el presidente y aprobados por el Senado. Su cargo es vitalicio o hasta que ellos se jubilen.

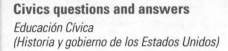

100 Civics questions and answers
Educación Cívica
(Historia y gobierno de los Estados Unidos)

40. Who is the Chief Justice of the United States now?

• *To answer this question, you must include the last name or the first and last name of the current Chief Justice of the United States. Visit uscis.gov/citizenship/testupdates for the name of the Chief Justice of the United States.*

¿Quién es el presidente actual de la Corte Suprema de Justicia de los Estados Unidos?

• *Para responder a esta pregunta hay que decir el apellido o nombre y apellido del actual presidente de la Corte Suprema de los Estados Unidos. Visite uscis.gov/es/ y busque "Actualizaciones al examen" para saber el nombre del presidente del Tribunal Supremo de Estados Unidos.*

El presidente de la Corte Suprema de los Estados Unidos es el cargo de rango más alto del poder legislativo en el país. Como el juez de mayor grado del país, entre otras ocupaciones guía los asuntos de la Corte y preside el Senado en los casos de *"impeachment"* o proceso de incapacitación del presidente de Estados Unidos. Su cargo es vitalicio.

41. Under our Constitution, some powers belong to the federal government. What is <u>one</u> power of the federal government?

• *To print money / To declare war / To create an army / To make treaties.*

• De acuerdo con nuestra Constitución, algunos poderes pertenecen al gobierno federal. ¿Cuál es <u>un</u> poder del gobierno federal?

Imprimir dinero / Declarar la guerra / Crear un ejército / Suscribir tratados.

El gobierno federal tiene poderes sobre ciertos asuntos, pero otros son competencia de los estados. Entre los poderes del gobierno federal están los citados en la respuesta a la pregunta.

42. Under our Constitution, some powers belong to the states. What is one power of the states?
• Provide schooling and education / Provide protection (police) / Provide safety (fire departments) / Give a driver's license / Approve zoning and land use.

De acuerdo con nuestra Constitución, algunos poderes pertenecen a los estados. ¿Cuál es un poder de los estados?

• Proveer escuelas y educación / Proveer protección (policía) / Proveer seguridad (cuerpos de bomberos) / Conceder licencias de conducir / Aprobar la zonificación y uso de la tierra.

Los diferentes estados tienen poderes sobre ciertos asuntos, pero otros son competencia del gobierno federal. Entre los poderes de los estados están los citados en la respuesta a la pregunta.

43. Who is the Governor of your state now?
• Answers will vary. Visit uscis.gov/citizenship/ testupdates for the list of current United States governors. [District of Columbia residents should answer that D.C. does not have a Governor].

100

Civics questions and answers
Educación Cívica
(Historia y gobierno de los Estados Unidos)

¿Quién es el gobernador actual de su estado?
• *Las respuestas variarán. Visite uscis.gov/es/ y busque "Actualizaciones al examen". [Los residentes del Distrito de Columbia deben decir "no tenemos gobernador"].*

La respuesta variará dependiendo de la persona que se encuentre ejerciendo el cargo de gobernador del estado en el momento determinado en que se pregunte.

44. What is the capital of your state?
   • ***Answers will vary. [District of Columbia residents should answer that D.C. is not a state and does not have a capital. Residents of U.S. territories should name the capital of the territory].***
   ¿Cuál es la capital de su estado?
   • *Las respuestas variarán. [Los residentes del Distrito de Columbia deben contestar que el D.C. no es estado y que no tiene capital. Los residentes de los territorios de los Estados Unidos deben dar el nombre de la capital del territorio].*

La respuesta variará dependiendo del estado donde resida la persona a la que se le dirija la pregunta.

45. What are the <u>two</u> major political parties in the United States?
   • ***Democratic and Republican.***
   ¿Cuáles son los <u>dos</u> principales partidos políticos de los Estados Unidos?
   • *Demócrata y Republicano.*

Los dos principales partidos políticos de los Estados Unidos son el Partido Demócrata y el Partido Republicano. Estos partidos tienen diferentes opiniones sobre la manera de dirigir el gobierno del país y símbolos populares que los identifican. Así, el símbolo del Partido Demócrata es un burro y el del Partido Republicano, un elefante.

46. What is the political party of the President now?

• To answer this question, you must name the political party of the current President of the United States. Visit uscis.gov/citizenship/ testupdates for the political party of the President.

¿Cuál es el partido político del presidente actual?

• Para responder a esta pregunta hay que decir el partido político al que pertenece el actual presidente de los Estados Unidos. Visite uscis.gov/es/ y busque "Actualizaciones al examen" para saber el partido político al que pertenece el presidente de Estados Unidos.

Para llegar a ser presidente, el candidato ha de pasar por varios procesos. En primer lugar, las elecciones primarias de su partido, donde se eligen los delegados para la convención del mismo. A esta convención llegan varios aspirantes y es donde formalmente se elige al candidato del partido para las elecciones presidenciales. Finalmente, ya elegido candidato por su partido, se enfrentará por la presidencia del país a los candidatos seleccionados por otros partidos (normalmente, al candidato del otro partido mayoritario).

100

Civics questions and answers
Educación Cívica
(Historia y gobierno de los Estados Unidos)

47. What is the name of the Speaker of the House of Representatives now?
• To answer this question, you must include the last name or the first and last name of the current Speaker of the House of Representatives. Visit uscis.gov/citizenship/testupdates for the name of the Speaker of the House of Representatives.

¿Cómo se llama el presidente actual de la Cámara de Representantes?
• Para responder a esta pregunta hay que decir el apellido o nombre y apellido del actual presidente de la Cámara de Representantes. Visite uscis.gov/es/ y busque "Actualizaciones al examen" para saber el nombre del Portavoz de la Cámara de Representantes.

El presidente de la Cámara de Representantes es una de las personalidades políticas más importantes de los Estados Unidos y es elegido habitualmente por el partido con mayoría en la cámara. Su mandato es de dos años y puede optar a sucesivas reelecciones.

C: Rights and Responsibilities

C: Derechos y responsabilidades

48. There are four amendments to the Constitution about who can vote. Describe <u>one</u> of them.
• Citizens eighteen (18) and older (can vote) / You don't have to pay (a poll tax) to vote /

Any citizen can vote. (Women and men can vote) / A male citizen of any race (can vote).
Existen cuatro enmiendas a la Constitución sobre quién puede votar. Describa <u>una</u> de ellas.
• *Ciudadanos de dieciocho (18) años en adelante (pueden votar) / No se exige pagar un impuesto para votar (el impuesto para acudir a las urnas o "poll tax" en inglés) / Cualquier ciudadano puede votar. (Tanto las mujeres como los hombres pueden votar) / Un hombre ciudadano de cualquier raza (puede votar).*

Sobre el derecho al voto se han realizado diferentes enmiendas a la constitución. Citando una de ellas, hay que recordar que, por ejemplo, los esclavos no tenían derecho al voto. Tras la Proclamación de Emancipación se abolió la esclavitud y la población negra obtuvo la libertad, la ciudadanía y el derecho al voto (año 1870).

49. What is <u>one</u> responsibility that is only for United States citizens?
• **Serve on a jury. / Vote in a federal election.**
¿Cuál es <u>una</u> responsabilidad que corresponde sólo a los ciudadanos de los Estados Unidos?
• *Prestar servicio en un jurado / Votar en una elección federal.*

En los Estados Unidos hay responsabilidades que sólo pueden desempeñar los ciudadanos del país. Tal es el caso de ser llamado a formar parte de un jurado o votar en unas elecciones federales.

100

Civics questions and answers
Educación Cívica
(Historia y gobierno de los Estados Unidos)

50. Name <u>one</u> right only for United States citizens.
• *Vote in a federal election / Run for federal office.*
¿Cuál es <u>un</u> derecho que pueden ejercer sólo los ciudadanos de los Estados Unidos?
• *Votar en una elección federal / Postularse a un cargo político federal.*

En los Estados Unidos hay derechos que sólo pueden ejercer los ciudadanos del país. Tal es el caso de votar en unas elecciones federales o postularse como candidato para un cargo político a nivel federal.

51. What are <u>two</u> rights of everyone living in the United States?
• *Freedom of expression / Freedom of speech / Freedom of assembly / Freedom to petition the government / Freedom of worship / The right to bear arms.*
¿Cuáles son <u>dos</u> derechos que pueden ejercer todas las personas que viven en los Estados Unidos?
• *Libertad de expresión / Libertad de la palabra / Libertad de reunión / Libertad para peticionar al gobierno / Libertad de religión / Derecho a portar armas.*

En los Estados Unidos hay derechos que pueden ejercer todos los ciudadanos que residan en el país. Tal es el caso de gozar de libertad de expresión, de la palabra, de reunión, de culto religioso, de peticionar al gobierno y de portar armas. Para la respuesta sólo hace falta citar dos de ellos.

Visite la página web del curso para actualizaciones y contenidos adicionales.

52. What do we show loyalty to when we say the Pledge of Allegiance?
• **The United States / The flag.**

¿Ante quién demostramos nuestra lealtad cuando decimos el Juramento de Lealtad (Pledge of Allegiance)?
• *A los Estados Unidos / A la bandera.*

El Juramento de Lealtad dice lo siguiente: "Juro lealtad a la bandera de los Estados Unidos de América y a la República que representa, una nación al amparo de Dios, indivisible, con libertad y justicia para todos."

53. What is <u>one</u> promise you make when you become a United States citizen?
• *Give up loyalty to other countries / Defend the Constitution and laws of the United States / Obey the laws of the United States / Serve in the U.S. military (if needed) / Serve (do important work for) the nation (if needed) / Be loyal to the United States.*

¿Cuál es <u>una</u> promesa que usted hace cuando se convierte en ciudadano de los Estados Unidos?
• *Renunciar la lealtad a otros países / Defender la Constitución y las leyes de los Estados Unidos / Obedecer las leyes de los Estados Unidos / Prestar servicio en las Fuerzas Armadas de los Estados Unidos (de ser necesario) / Prestar servicio a (realizar trabajo importante para) la nación (de ser necesario) / Ser leal a los Estados Unidos.*

Al realizar el Juramento de Lealtad, la persona se compromete a ser leal a los Estados Unidos, renunciando a la lealtad a otros

100 Civics questions and answers
Educación Cívica
(Historia y gobierno de los Estados Unidos)

países, a apoyar y obedecer la Constitución y las leyes de los Estados Unidos, así como prestar servicio militar o civil a la nación en caso de ser necesario.

54. How old do citizens have to be to vote for President?
- *Eighteen (18) and older.*

¿Cuántos años deben tener los ciudadanos para votar por el presidente?
- *Dieciocho (18) años en adelante.*

Para ejercer el voto en unas elecciones presidenciales, el ciudadano ha de tener dieciocho años como mínimo, según queda recogido en la Constitución a través de la Enmienda XXVI.

55. What are <u>two</u> ways that Americans can participate in their democracy?
- *Vote / Join a political party / Help with a campaign / Join a civic group / Join a community group / Give an elected official your opinion on an issue / Call Senators and Representatives / Publicly support or oppose an issue or policy / Run for office / Write to a newspaper.*

¿Cuáles son <u>dos</u> maneras mediante las cuales los ciudadanos americanos pueden participar en su democracia?
- *Votar / Afiliarse a un partido político / Ayudar en una campaña / Unirse a un grupo cívico / Unirse a un grupo comunitario / Compartir su opinión sobre un asunto con un oficial electo / Llamar a los senadores y representantes / Apoyar u oponerse públicamente a un asunto o política / Postularse a un cargo político / Enviar una carta o mensaje a un periódico.*

Los estadounidenses pueden participar en el juego democrático de diversas maneras, tanto a nivel político como civil o social, desde ejercer su derecho al voto o de reunión, estar en contacto con senadores y representantes, apoyar u oponerse públicamente a algún tema o presentarse como candidato a un cargo político.

56. When is the last day you can send in federal income tax forms?
- **April 15.**

¿Cuál es la fecha límite para enviar la declaración federal de impuesto sobre el ingreso?
- *El 15 de abril.*

Como residente permanente en los Estados Unidos, se tiene la obligación de presentar una declaración de impuestos federales sobre la renta todos los años. Esta declaración incluye sus ingresos desde el mes de enero hasta el mes de diciembre del año anterior y debe ser enviada el 15 de abril como fecha límite.

57. When must all men register for the Selective Service?
- **At age eighteen (18) / Between eighteen (18) and twenty-six (26).**

¿Cuándo deben inscribirse todos los hombres en el Servicio Selectivo?
- *A la edad de dieciocho (18) años / Entre los dieciocho (18) y los veintiséis (26) años.*

Los varones de entre 18 y 26 años tienen la obligación de inscribirse en el Sistema de Servicio Selectivo de las Fuerzas Armadas de los Estados Unidos. Con su inscripción, se indica al gobierno que se está en condiciones de ingresar en el servicio

100

Civics questions and answers
Educación Cívica
(Historia y gobierno de los Estados Unidos)

militar. Actualmente el servicio militar no es obligatorio en los Estados Unidos y los residentes permanentes y ciudadanos no están obligados a servir en las Fuerzas Armadas, a menos que lo deseen hacer.

AMERICAN HISTORY
HISTORIA ESTADOUNIDENSE

A: Colonial Period and Independence

A: Época colonial e independencia

58. What is <u>one</u> reason colonists came to America?
• Freedom / Political liberty / Religious freedom / Economic opportunity / Practice their religion / Escape persecution.
¿Cuál es <u>una</u> razón por la que los colonos vinieron a los Estados Unidos?
• Libertad / Libertad política / Libertad religiosa / Oportunidad económica / Para practicar su religión / Para huir de la persecución.

Muchos colonos vinieron en pos de libertades políticas o para ejercer el derecho de practicar su religión. Otros vinieron en busca de oportunidades económicas, las cuales no existían en sus lugares de origen. Para ellos, las colonias americanas significaban una nueva oportunidad de vida y la libertad para vivir como deseaban.

Visite la página web del curso para actualizaciones y contenidos adicionales.

59. Who lived in America before the Europeans arrived?
• *American Indians / Native Americans.*

¿Quiénes vivían en lo que hoy conocemos como los Estados Unidos antes de la llegada de los europeos?
• *Indios americanos / Nativos americanos.*

Cuando llegaron los europeos, en este territorio vivían tribus de indios como los Navajo, Sioux, Cherokee y Seminoles. A su llegada, los colonos se establecieron en un área donde vivía la tribu Wampanoag.

60. What group of people was taken to America and sold as slaves?
• *Africans / People from Africa.*

¿Qué grupo de personas fue traído a los Estados Unidos y vendido como esclavos?
• *Africanos / Gente de África.*

Para servir como esclavos en los territorios que actualmente ocupa los Estados Unidos se llevaron a muchas personas de distintos lugares de África.

61. Why did the colonists fight the British?
• *Because of high taxes (taxation without representation) / Because the British army stayed in their houses (boarding, quartering) / Because they didn't have self-government.*

¿Por qué lucharon los colonos contra los británicos?
• *Debido a los impuestos altos (impuestos sin representación) / El ejército británico se quedó en sus casas (alojándose, acuartelándose) / Porque no tenían gobierno propio.*

100 Civics questions and answers
Educación Cívica
(Historia y gobierno de los Estados Unidos)

En el siglo XVIII los colonos se rebelaron contra Gran Bretaña, alegando abuso de poder y que este país no respetaba sus derechos en diversos aspectos. Querían liberarse y declarar su independencia, logrando finalmente su autodeterminación.

62. Who wrote the Declaration of Independence?
• *(Thomas) Jefferson.*
¿Quién escribió la Declaración de Independencia?
• *(Thomas) Jefferson.*

Thomas Jefferson fue un importante dirigente en la historia de los Estados Unidos. Nació en Virginia en 1743 y, entre otras cosas, redactó la Declaración de Independencia. Asimismo, Jefferson fue el tercer presidente del país.

63. When was the Declaration of Independence adopted?
• *July 4, 1776.*
¿Cuándo fue adoptada la Declaración de Independencia?
• *El 4 de Julio de 1776.*

El 4 de julio de 1776 se adoptó la Declaración de Independencia, a partir de que el Segundo Congreso Continental designara a Jefferson y a otros para elaborarla. En este documento se señalaba que si un gobierno no protege los derechos del pueblo, éste está posibilitado a crear un nuevo gobierno. A partir de esta idea los colonos rompieron con sus gobernantes británicos y formaron una nueva nación.

64. There were 13 original states. Name <u>three</u>.
• *New Hampshire, Massachusetts, Rhode Island, Connecticut, New York, New Jersey,*

Pennsylvania, Delaware, Maryland, Virginia, North Carolina, South Carolina, Georgia.
Había 13 estados originales. Nombre <u>tres</u>.
• *Nueva Hampshire, Massachusetts, Rhode Island, Connecticut, Nueva York, Nueva Jersey, Pennsylvania, Delaware, Maryland, Virginia, Carolina del Norte, Carolina del Sur, Georgia.*

Estos 13 estados eran colonias bajo el gobierno británico antes de que los Estados Unidos se convirtieran en un país independiente. La historia de cada una de estas colonias era muy diferente, pero se unieron para formar un solo país. Para responder, basta citar tres de estos estados.

65. What happened at the Constitutional Convention?
•The Constitution was written / The Founding Fathers wrote the Constitution.
¿Qué ocurrió en la Convención Constitucional?
• *Se redactó la Constitución / Los Padres Fundadores redactaron la Constitución.*

Tras la Revolución Americana, los estados probaron diversas maneras de unirse por medio de un gobierno central, pero éste era demasiado débil. Con el objetivo de crear un gobierno centralizado más fuerte, representantes de cada estado se reunieron en Filadelfia en 1787. Esta reunión fue la denominada Convención Constitucional. Tras extensos debates, los líderes de estos estados redactaron un documento que describía al nuevo gobierno: la Constitución.

100

Civics questions and answers
Educación Cívica
(Historia y gobierno de los Estados Unidos)

66. When was the Constitution written?
- *1787.*

¿Cuándo fue redactada la Constitución?
- *1787.*

La Constitución fue escrita en 1787 en la Convención Constitucional celebrada en Filadelfia (Pensilvania).

67. The Federalist Papers supported the passage of the U.S. Constitution. Name <u>one</u> of the writers.
- *(James) Madison / (Alexander) Hamilton / (John) Jay / Publius.*

Los escritos conocidos como "Los Documentos Federalistas" respaldaron la aprobación de la Constitución de los Estados Unidos. Nombre <u>uno</u> de los autores.
- *(James) Madison / (Alexander) Hamilton / (John) Jay / Publius.*

El proceso de ratificación de la Constitución no fue fácil y aquellos que lo favorecían, los Federalistas, se defendieron de sus opositores convencidos de que el rechazo a la Constitución provocaría anarquía y desorden civil. Madison, Hamilton y Jay, grupo apodado "Publius", escribieron ensayos en periódicos de Nueva York, conocidos como "Los federalistas", en los que analizaban la Constitución, detallaban el pensamiento de los que la escribieron y respondían a los críticos anti-federalistas.

68. What is <u>one</u> thing Benjamin Franklin is famous for?
- *U.S. diplomat / Oldest member of the Constitutional Convention / First Postmaster General of the United States / Writer of "Poor Richard's Almanac" / Started the first free libraries.*

Mencione una razón por la que es famoso Benjamin Franklin.
• *Diplomático Americano / El miembro de mayor edad de la Convención Constitucional / Primer director general de Correos de los Estados Unidos / Autor de "Poor Richard's Almanac" (Almanaque del Pobre Richard) / Fundó las primeras bibliotecas gratuitas.*

Benjamin Franklin es un personaje muy famoso en la historia de los Estados Unidos. Tuvo muchas ideas para el país y, además, por su carácter polifacético, fue diplomático en Francia, primer director general de Correos, el miembro de más edad de la Convención Constitucional, firmante de la Constitución de los Estados Unidos, escritor del famoso "Poor Richard's Almanac", inventor, etc.

69. Who is the "Father of Our Country"?
• (George) Washington.
¿Quién se le conoce como el "Padre de Nuestra Nación"?
• *(George) Washington.*

Las colonias norteamericanas tuvieron que luchar por su libertad contra Gran Bretaña en la Guerra de la Revolución Americana. El General George Washington asumió el mando de las fuerzas armadas de la Revolución Americana. Su liderazgo fue muy importante durante la transición entre la guerra y la estabilidad bajo el nuevo gobierno. Washington ayudó en el esfuerzo para crear una Constitución y fue elegido líder de la convención que se constituyó para la elaboración de la misma. Por estos motivos se le conoce como el "Padre de Nuestra Nación" o "Padre de la Patria".

100 **Civics questions and answers**
Educación Cívica
(Historia y gobierno de los Estados Unidos)

❋ **70. Who was the first President?**
65
20
• ***(George) Washington.***
¿Quién fue el primer presidente?
• *(George) Washington.*

George Washington fue designado y elegido primer presidente de los Estados Unidos por sus méritos y aportación a la independencia del país y al proceso constituyente de la nueva nación, jurando el cargo el 30 de abril de 1789.

B: 1800s

B: Los años 1800

71. What territory did the United States buy from France in 1803?
• ***The Louisiana Territory / Louisiana.***
¿Qué territorio compró Estados Unidos a Francia en 1803?
• *El territorio de Louisiana / Louisiana.*

La compra de la Louisiana fue una transacción comercial mediante la cual Napoleón Bonaparte, entonces Primer Cónsul francés, vendió a Estados Unidos en 1803 más de dos millones de kilómetros cuadrados de posesiones francesas en América del Norte, a un precio total de 15 millones de dólares.

72. Name <u>one</u> war fought by the United States in the 1800s.
• ***War of 1812 / Mexican-American War / Civil War / Spanish-American War.***

Visite la página web del curso para actualizaciones y contenidos adicionales.

Mencione <u>una</u> guerra en la que peleó los Estados Unidos durante los años 1800.
• *La Guerra de 1812 / La Guerra entre México y los Estados Unidos / La Guerra Civil / La Guerra Hispano-Estadounidense (Hispano-americana).*

El siglo XIX fue convulso en cuanto a guerras en las que tomó parte Estados Unidos. Así, se enfrentó a Gran Bretaña en la Guerra de 1812 (también denominada Guerra Anglo-Americana); a México entre 1846 y 1848; se enfrentaron las fuerzas de la Unión (estados del Norte) contra los recién formados Estados Confederados de América (estados del Sur) en la Guerra de Secesión o Guerra Civil entre 1861 y 1865; o contra España en la Guerra Hispano-Estadounidense en 1898.

73. Name the U.S. war between the North and the South.
• ***The Civil War / The War between the States.***
Dé el nombre de la guerra entre el Norte y el Sur de los Estados Unidos.
• *La Guerra Civil / La Guerra entre los Estados.*

La guerra entre el Norte y el Sur enfrentó a las fuerzas de la Unión (estados del Norte) contra los Estados Confederados de América (estados del Sur). Es la conocida como Guerra Civil, entre Estados o de Secesión, y tuvo lugar entre 1861 y 1865.

74. Name <u>one</u> problem that led to the Civil War.
• ***Slavery / Economic reasons / States' rights.***
Mencione <u>un</u> problema que condujo a la Guerra Civil.
• *Esclavitud / Razones económicas / Derechos de los estados.*

100 Civics questions and answers
Educación Cívica
(Historia y gobierno de los Estados Unidos)

Entre las razones que condujeron a la Guerra Civil se encuentra la esclavitud, pretendida por los estados del Sur y negada por los estados del Norte; que el Sur reclamara más derechos de autogobierno para los estados, incluso su separación de los Estados Unidos, al contrario de lo pretendido por el Norte; o razones de índole económica, con unos estados del Norte más desarrollados que los del Sur.

✶
65
20

75. What was <u>one</u> important thing that Abraham Lincoln did?
• Freed the slaves (Emancipation Proclamation) / Saved (or preserved) the Union / Led the United States during de Civil War.
¿Cuál fue <u>una</u> cosa importante que hizo Abraham Lincoln?
• Liberó a los esclavos (Proclamación de la Emancipación) / Salvó (o preservó) la Unión / Presidió los Estados Unidos durante la Guerra Civil.

Lincoln fue presidente de los Estados Unidos entre 1861 y 1865, por lo que dirigió el país durante la Guerra Civil, librada entre esos años, preservando así la integridad de la nación. Además, entre sus grandes aportaciones está el que, en 1863, firmó la Proclamación de la Emancipación, por la que los esclavos quedaban liberados.

76. What did the Emancipation Proclamation do?
• Freed the slaves / Freed slaves in the Confederacy / Freed slaves in the Confederate states / Freed slaves in most Southern states.
¿Qué hizo la Proclamación de la Emancipación?
• Liberó a los esclavos / Liberó a los esclavos de la Confederación / Liberó a los esclavos en los estados

de la Confederación / Liberó a los esclavos en la mayoría de los estados del sur.

La Proclamación de Emancipación, realizada y firmada por Abraham Lincoln en 1863, declaraba el fin de la esclavitud y, por tanto, la liberación de los esclavos, en la totalidad de los estados que conformaban los Estados Confederados de América.

77. What did Susan B. Anthony do?
  • ***Fought for women's rights / Fought for civil rights.***
  ¿Qué hizo Susan B. Anthony?
  • *Luchó por los derechos de la mujer / Luchó por los derechos civiles.*

Susan Brownell Anthony (1820-1906) fue una feminista líder del movimiento estadounidense a favor de los derechos civiles. Tuvo un papel muy relevante en la lucha por los derechos de la mujer en el siglo XIX y para garantizar el derecho al voto de las mismas en los Estados Unidos.

C: Recent American History and Other Important Historical Information

C: Historia estadounidense reciente y otra información histórica importante

78. Name <u>one</u> war fought by the United States in the 1900s.
  • ***World War I / World War II / Korean War / Vietnam War / (Persian) Gulf War.***

100

Civics questions and answers
Educación Cívica
(Historia y gobierno de los Estados Unidos)

Mencione <u>una</u> guerra durante los años 1900 en la que peleó los Estados Unidos.
• *La Primera Guerra Mundial / La Segunda Guerra Mundial / La Guerra de Corea / La Guerra de Vietnam / La Guerra del Golfo (Pérsico).*

En el siglo XX los Estados Unidos tomaron parte en distintos conflictos bélicos. Así, luchó en la Primera Guerra Mundial (1914-1918), en la Segunda Guerra Mundial (1939-1945), en la Guerra de Corea (1950-1953), en la Guerra de Vietnam (1959-1975), o en la Guerra del Golfo (1990-1991).

79. Who was President during World War I?
• *(Woodrow) Wilson.*
¿Quién era presidente durante la Primera Guerra Mundial?
• *(Woodrow) Wilson.*

Woodrow Wilson ocupó el cargo de presidente de los Estados Unidos entre 1913 y 1921, siendo el mandatario que dirigió el país durante la Primera Guerra Mundial, que tuvo lugar entre 1914 y 1918.

80. Who was President during the Great Depression and World War II?
• *(Franklin) Roosevelt.*
¿Quién era presidente durante la Gran Depresión y la Segunda Guerra Mundial?
• *(Franklin) Roosevelt.*

Franklin Roosevelt ocupó el cargo de presidente de los Estados Unidos entre 1933 y 1945, siendo el mandatario que dirigió el país durante la Segunda Guerra Mundial, que tuvo lugar entre

1939 y 1945, y durante la mayor parte del período conocido como la Gran Depresión, desarrollado entre 1929 y 1939.

81. Who did the United States fight in World War II?
• **Japan, Germany, and Italy.**
¿Contra qué países peleó los Estados Unidos en la Segunda Guerra Mundial?
• *Japón, Alemania e Italia.*

Entre los mayores contendientes contra los que se enfrentó Estados Unidos (como parte de las Fuerzas Aliadas) en la Segunda Guerra Mundial están Japón, por su política expansionista, la Alemania nazi y la Italia fascista, que eran parte de las denominadas Potencias del Eje.

82. Before he was President, Eisenhower was a general. What war was he in?
• **World War II.**
Antes de ser presidente, Eisenhower era general. ¿En qué guerra participó?
• *Segunda Guerra Mundial.*

Dwight David Eisenhower fue, durante la Segunda Guerra Mundial, el comandante supremo de las tropas de los Aliados en el Frente Occidental del Teatro Europeo, ostentando el rango de general de Ejército.

83. During the Cold War, what was the main concern of the United States?
• **Communism.**
Durante la Guerra Fría, ¿cuál era la principal preocupación de los Estados Unidos?
• *Comunismo.*

100

Civics questions and answers
Educación Cívica
(Historia y gobierno de los Estados Unidos)

La Guerra Fría designa esencialmente la larga y abierta rivalidad que enfrentó a EE. UU. y la Unión Soviética y sus respectivos aliados tras la segunda guerra mundial. Este conflicto fue la clave de las relaciones internacionales durante casi medio siglo y se libró en los frentes político, económico y propagandístico, y, muy limitadamente en el frente militar. La posible expansión del comunismo era la principal preocupación de los Estados Unidos.

84. What movement tried to end racial discrimination?
• Civil rights (movement).
¿Qué movimiento trató de poner fin a la discriminación racial?
• (El movimiento de) derechos civiles.

A principios del siglo XX la segregación racial era la norma en el sur de Estados Unidos, y las oportunidades para los ciudadanos afroestadounidenses eran limitadas. Sin embargo, en los años 50 una confluencia de fuerzas potenció una vigorosa campaña en favor de los derechos civiles.

✳ 85. What did Martin Luther King, Jr. do?
65
20
• Fought for civil rights / Worked for equality for all Americans.
¿Qué hizo Martin Luther King, Jr.?
• Luchó por los derechos civiles / Trabajó por la igualdad de todos los ciudadanos americanos.

El pastor Martin Luther King Jr., un orador elocuente influido por las ideas de resistencia no violenta promovidas por Mahatma Gandhi en la India, lideró el movimiento en pro de los derechos civiles para lograr la igualdad para todos los estadounidenses.

86. Major event happened on September 11, 2001, in the United States?

• *Terrorists attacked the United States.*

¿Qué suceso de gran magnitud ocurrió el 11 de septiembre de 2001 en los Estados Unidos?

• *Los terroristas atacaron los Estados Unidos.*

El 11 de septiembre de 2001 tuvieron lugar unos atentados en contra de los Estados Unidos por parte de un grupo de terroristas. En esos atentados, varios aviones fueron utilizados para ser estrellados contra dos grandes edificios de la ciudad de Nueva York, las Torres Gemelas, provocando su derrumbe, así como contra el Pentágono, cayendo además otra aeronave en Pensilvania.

87. Name <u>one</u> American Indian tribe in the United States.

• *[USCIS Officers will be supplied with a list of federally recognized American Indian tribes.] Cherokee, Navajo, Sioux, Chippewa, Choctaw, Pueblo, Apache, Iroquois, Creek, Blackfeet, Seminole, Cheyenne, Arawak, Shawnee, Mohegan, Huron, Oneida, Lakota, Crow, Teton, Hopi, Inuit.*

Mencione <u>una</u> tribu de indios americanos de los Estados Unidos. [A los oficiales del USCIS se les dará una lista de tribus amerindias reconocidas a nivel federal.]

• *Cherokee, Navajo, Sioux, Chippewa, Choctaw, Pueblo, Apache, Iroquois, Creek, Blackfeet, Seminole, Cheyenne, Arawak, Shawnee, Mohegan, Huron, Oneida, Lakota, Crow, Teton, Hopi, Inuit.*

La respuesta a esta pregunta es múltiple, pudiendo elegir dos tribus de entre las que se encuentran en el listado.

100

Civics questions and answers
Educación Cívica
(Historia y gobierno de los Estados Unidos)

INTEGRATED CIVICS
EDUCACIÓN CÍVICA INTEGRADA

A: Geography

A: Geografía

88. Name <u>one</u> of the two longest rivers in the United States.
• *Missouri (River) / Mississippi (River).*
Mencione <u>uno</u> de los dos ríos más largos de los Estados Unidos.
• *(El río) Missouri / (El río) Mississippi.*

Los dos ríos más largos de los Estados Unidos son el río Missouri, con 3.768 kilómetros (2.341 millas) y el río Mississippi, con 3.544 metros (2.202 millas).

89. What ocean is on the West Coast of the United States?
• *Pacific (Ocean).*
¿Qué océano está en la costa oeste de los Estados Unidos?
• *(El océano) Pacífico.*

El océano Pacífico es la frontera natural de la costa oeste de los Estados Unidos.

82

Visite la página web del curso para actualizaciones
y contenidos adicionales.

90. What ocean is on the East Coast of the United States?
- *Atlantic (Ocean).*

¿Qué océano está en la costa este de los Estados Unidos?
- *(El océano) Atlántico.*

El océano Atlántico es la frontera natural de la costa este de los Estados Unidos.

91. Name <u>one</u> U.S. territory.
- *Puerto Rico / U.S. Virgin Islands / American Samoa / Northern Mariana Islands / Guam.*

Dé el nombre de <u>un</u> territorio de los Estados Unidos.
- *Puerto Rico / Islas Vírgenes de los Estados Unidos / Samoa Americana / Islas Marianas del Norte / Guam.*

Los denominados "territorios de los Estados Unidos" se encuentran fuera del territorio continental y fueron mayoritariamente adquiridos a otras naciones por medio de tratados que tuvieron lugar en distintos momentos de la historia. Entre estos territorios se encuentran Puerto Rico, las Islas Vírgenes de los Estados Unidos, Samoa Americana, las Islas Marianas del Norte y Guam.

Civics questions and answers
Educación Cívica
(Historia y gobierno de los Estados Unidos)

100

92. Name <u>one</u> state that borders Canada.
• Maine, New Hampshire, Vermont, New York, Pennsylvania, Ohio, Michigan, Minnesota, North Dakota, Montana, Idaho, Washington, Alaska.
Mencione <u>un</u> estado que tiene frontera con Canadá.
• Maine, Nueva Hampshire, Vermont, Nueva York, Pennsylvania, Ohio, Michigan, Minnesota, Dakota del Norte, Montana, Idaho, Washington, Alaska.

Con casi 9.000 kilómetros de longitud, la frontera con Canadá la comparten los estados citados.

93. Name <u>one</u> state that borders Mexico.
• California, Arizona, New Mexico, Texas.
Mencione <u>un</u> estado que tiene frontera con México.
• California, Arizona, Nuevo México, Texas.

Con casi 3.500 kilómetros de longitud, la frontera con México la comparten los estados citados.

94. What is the capital of the United States?
• Washington, D.C.
¿Cuál es la capital de los Estados Unidos?
• Washington, D.C.

Washington D.C. es un "distrito" creado por el Congreso de los Estados Unidos en 1790 como lugar de encuentro y transacciones para los asuntos de gobierno. Originalmente era una porción cuadrada de tierra de 10 millas de lado entre Virginia y Maryland. La nombraron el Distrito de Columbia y designaron que allí se construyera la nueva ciudad capital, llamada Washington en honor a uno de los padres fundadores de nuestro país y su primer presidente.

Visite la página web del curso para actualizaciones y contenidos adicionales.

95. Where is the Statue of Liberty?
* *New York (Harbor) / Liberty Island / [Also acceptable are New Jersey, near New York City, and on the Hudson (River).]*

¿Dónde está la Estatua de la Libertad?
* *(El puerto de) Nueva York / Liberty Island / [Otras respuestas aceptables son Nueva Jersey, cerca de la Ciudad de Nueva York y (el río) Hudson.]*

La Estatua de la Libertad, que fue un regalo del pueblo francés al estadounidense para conmemorar el centenario de la Declaración de Independencia de los Estados Unidos y como un signo de amistad entre las dos naciones, se encuentra en Liberty Island, en el puerto de Nueva York, junto a la desembocadura del río Hudson.

B: Symbols

B: Símbolos

96. Why does the flag have 13 stripes?
* *Because there were 13 original colonies / Because the stripes represent the original colonies.*

¿Por qué hay 13 franjas en la bandera?
* *Porque representan las 13 colonias originales / Porque las franjas representan las colonias originales.*

En 1818 el Congreso determinó que la bandera nacional tuviera 13 franjas para honrar a los 13 estados originales, independientemente de los que se pudieran incorporar al país en el futuro.

100 Civics questions and answers
Educación Cívica
(Historia y gobierno de los Estados Unidos)

97. Why does the flag have 50 stars?
• *Because there is one star for each state. / Because each star represents a state / Because there are 50 states.*
¿Por qué hay 50 estrellas en la bandera?
• *Porque hay una estrella por cada estado / Porque cada estrella representa un estado / Porque hay 50 estados.*

Cada estrella de la bandera de los Estados Unidos representa un estado, por lo que las 50 estrellas representan a los 50 estados de la nación. Esta es la razón por la que el número de estrellas en la bandera ha cambiado a lo largo de los años, desde 13 a 50.

98. What is the name of the national anthem?
•*The Star-Spangled Banner.*
¿Cómo se llama el himno nacional?
• *The Star-Spangled Banner.*

Durante la Guerra de 1812 el ejército británico bombardeó el Fuerte McHenry, que protegía la ciudad de Baltimore. Un americano llamado Francis Scott Key pensó que el fuerte iba a ser derribado. Al amanecer del día siguiente Key vio que la bandera americana estaba aún flameando, demostrando así que los Estados Unidos no habían sido derrotados. Entonces escribió la letra para "The Star-Spangled Banner".

C: Holidays

C: Días feriados

✳ 99. When do we celebrate Independence Day?
65
20
   • *July 4.*
   ¿Cuándo celebramos el Día de la Independencia?
   • *El 4 de Julio.*

La Declaración de Independencia se firmó el 4 de julio de 1776. Por esta razón los estadounidenses celebramos el Día de la Independencia el 4 de julio todos los años. Se trata del natalicio de nuestra nación.

100. Name two national U.S. holidays.
   • *New Year's Day / Martin Luther King, Jr. Day / Presidents' Day / Memorial Day / Independence Day / Labor Day / Columbus Day / Veterans Day / Thanksgiving / Christmas.*
   Mencione dos días feriados nacionales de los Estados Unidos.
   • *El Día de Año Nuevo / El Día de Martin Luther King, Jr. / El Día de los presidentes / El Día de la Recordación / El Día de la Independencia / El Día del Trabajo / El Día de la Raza (Cristóbal Colón) / El Día de los Veteranos / El Día de Acción de Gracias / El Día de Navidad.*

La respuesta a esta pregunta es múltiple, pudiendo elegir dos días feriados de entre los que se encuentran en el listado.

100

Civics questions
and answers

Test de Educación Cívica

Cómo practicar el Test de Educación Cívica

En las siguientes páginas encontrará las 100 preguntas del test de Educación Cívica, presentadas de una forma que le va a permitir practicar el test tantas veces como desee.

1 Lea en voz alta la pregunta en la página derecha del libro.

2 Piense en la respuesta y dígala en inglés en voz alta.

3 Compruebe si acertó volteando la página y leyendo la página izquierda.

Para mejores resultados, sugerimos que se grabe en un Smartphone o que otra persona le pueda leer las preguntas en inglés, como si fuera el oficial del USCIS el día de su examen.

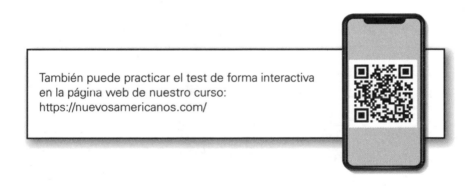

También puede practicar el test de forma interactiva en la página web de nuestro curso:
https://nuevosamericanos.com/

Recuerde

Todos los solicitantes deberán realizar la prueba en inglés, excepto aquellas personas que, debido a su edad o a los años que tiene como residentes legales permanentes, están exentos de los requisitos de inglés para naturalización y pueden rendir el examen sobre educación cívica en el idioma de su preferencia. Para información actualizada, consulte el enlace uscis.gov/es/ y escriba en el buscador "Excepciones y Ajustes".

AMERICAN GOVERNMENT
GOBIERNO ESTADOUNIDENSE

A: Principles of American Democracy

A: Principios de la democracia estadounidense

1. **What is the supreme law of the land?**
    ¿Cuál es la ley suprema de la nación?

2. **What does the Constitution do?**
    ¿Qué hace la Constitución?

3. **The idea of self-government is in the first three words of the Constitution. What are these words?**
    Las primeras tres palabras de la Constitución contienen la idea de la autodeterminación (de que el pueblo se gobierna a sí mismo). ¿Cuáles son estas palabras?

4. **What is an amendment?**
    ¿Qué es una enmienda?

5. **What do we call the first ten amendments to the Constitution?**
    ¿Con qué nombre se conocen las primeras diez enmiendas a la Constitución?

AMERICAN GOVERNMENT
GOBIERNO ESTADOUNIDENSE

A: Principles of American Democracy

A: Principios de la democracia estadounidense

1. ***The Constitution.***
   La Constitución.

2. ***Sets up the government / Defines the government / Protects basic rights of Americans.***
   Establece el gobierno / Define el gobierno / Protege los derechos básicos de los ciudadanos.

3. ***We, the People.***
   Nosotros, el Pueblo.

4. ***A change (to the Constitution) / An addition (to the Constitution).***
   Un cambio (a la Constitución) / Una adición (a la Constitución).

5. ***The Bill of Rights.***
   La Carta de Derechos.

Visite la página web del curso para actualizaciones y contenidos adicionales.

6. What is <u>one</u> right or freedom from the First Amendment?

¿Cuál es <u>un</u> derecho o libertad que la Primera Enmienda garantiza?

7. How many amendments does the Constitution have?

¿Cuántas enmiendas tiene la Constitución?

8. What did the Declaration of Independence do?

¿Qué hizo la Declaración de Independencia?

9. What are <u>two</u> rights in the Declaration of Independence?

¿Cuáles son <u>dos</u> de los derechos en la Declaración de Independencia?

10. What is freedom of religion?

¿En qué consiste la libertad de religión?

 11. What is the economic system in the United States?

¿Cuál es el sistema económico de los Estados Unidos?

12. What is the "rule of law"?

¿En qué consiste el "estado de derecho" (ley y orden)?

6. Speech, religion, assembly, press, petition the government.
Expresión, religión, reunión, prensa, peticionar al gobierno.

7. Twenty-seven (27).
Veintisiete (27).

8. Announced our independence (from Great Britain) / Declared our independence (from Great Britain) / Said that the United States is free (from Great Britain).
Anunció nuestra independencia (de Gran Bretaña) / Declaró nuestra independencia (de Gran Bretaña) / Dijo que los Estados Unidos se independizaron (de Gran Bretaña).

9. Life, liberty, pursuit of happiness.
La vida, la libertad, la búsqueda de la felicidad.

10. You can practice any religion, or not practice a religion.
Se puede practicar cualquier religión o no practicar ninguna.

 11. Capitalist economy / Market economy.
Economía capitalista / Economía del mercado.

12. Everyone must follow the law / Leaders must obey the law / Government must obey the law / No one is above the law.
Todos deben obedecer la ley / Los líderes tienen que obedecer la ley / El gobierno debe obedecer la ley / Nadie está por encima de la ley.

B: System of Government

B: Sistema de gobierno

✱ **13. Name <u>one</u> branch or part of the government.**
65 20
Nombre <u>una</u> rama o parte del gobierno.

14. What stops <u>one</u> branch of government from becoming too powerful?
¿Qué es lo que evita que <u>una</u> rama del gobierno se vuelva demasiado poderosa?

15. Who is in charge of the executive branch?
¿Quién está a cargo de la rama ejecutiva?

16. Who makes federal laws?
¿Quién crea las leyes federales?

✱ **17. What are the <u>two</u> parts of the U.S. Congress?**
65 20
¿Cuáles son las <u>dos</u> partes que integran el Congreso de los Estados Unidos?

18. How many U.S. Senators are there?
¿Cuántos senadores de los Estados Unidos hay?

19. We elect a U.S. Senator for how many years?
¿De cuántos años es el término de elección de un senador de los Estados Unidos?

B: System of Government

B: Sistema de gobierno

13. *Congress / legislative; President / executive; the Courts / judicial*
Congreso / poder legislativo; presidente / poder ejecutivo; Los tribunales / poder judicial.

14. *Checks and balances / Separation of powers.*
Pesos y contrapesos / Separación de poderes.

15. *The President.*
El presidente.

16. *The Congress / Senate and House (of Representatives) / (U.S. or national) legislature.*
El Congreso / El Senado y la Cámara (de Representantes) / La legislatura (nacional o de Estados Unidos).

17. *The Senate and House (of Representatives).*
El Senado y la Cámara (de Representantes).

18. *One hundred (100).*
Cien (100).

19. *Six (6).*
Seis (6).

Visite la página web del curso para actualizaciones
y contenidos adicionales.

✱ 20. Who is <u>one</u> of your state's U.S. Senators now?
65 20
Nombre a <u>uno</u> de los senadores actuales del estado donde usted vive.

21. The House of Representatives has how many voting members?
¿Cuántos miembros votantes tiene la Cámara de Representantes?

22. We elect a U.S. Representative for how many years?
¿De cuántos años es el término de elección de un representante de los Estados Unidos?

23. Name your U.S. Representative.
Dé el nombre de su representante a nivel nacional.

✱
65
20

20. Answers will vary. Visit uscis.gov/citizenship/ testupdates for the list of current United States senators. [District of Columbia residents and residents of U.S. territories should answer that D.C. (or the territory where the applicant lives) has no U.S. Senators].

Las repuestas variarán. Visite uscis.gov/es/ y busque "Actualizaciones al examen" [Los residentes del Distrito de Columbia y los territorios de los Estados Unidos deberán contestar que el D.C. (o territorio en donde vive el solicitante) no cuenta con senadores a nivel nacional].

21. Four hundred thirty-five (435).
Cuatrocientos treinta y cinco (435).

22. Two (2).
Dos (2).

23. Answers will vary. Visit <u>uscis.gov/citizenship/ testupdates</u> for the list of current members of the United States House of Representatives. [Residents of territories with nonvoting Delegates or Resident Commissioners may provide the name of that Delegate or Commissioner. Also acceptable is any statement that the territory has no (voting) Representatives in Congress].

Las respuestas variarán. Visite uscis.gov/es/ y busque "Actualizaciones al examen". [Los residentes de territorios con delegados no votantes o comisionados residentes pueden decir el nombre de dicho delegado o comisionado. Una respuesta que indica que el territorio no tiene representantes votantes en el Congreso también es aceptable].

24. Who does a U.S. Senator represent?
¿A quiénes representa un senador de los Estados Unidos?

25. Why do some states have more Representatives than other states?
¿Por qué tienen algunos estados más representantes que otros?

26. We elect a President for how many years?
¿De cuántos años es el término de elección de un presidente?

27. In what month do we vote for President?
¿En qué mes votamos por un nuevo presidente?

28. What is the name of the current President of the United States?
¿Cómo se llama el actual presidente de los Estados Unidos?

24. *All people of the state.*
A todas las personas del estado.

25. *(Because of) the state population / (Because)*
they have more people / (Because) some states
have more people.
Debido a la población del estado. / Porque tienen más gente. /
Debido a que algunos estados tienen más gente.

26. Four (4).
Cuatro (4).

27. *November.*
Noviembre.

28. *To answer this question, you must include*
the last name or the first and last name of the
current President of the United States. Visit
uscis.gov/citizenship/testupdates for the name
of the President of the United States.
Para responder a esta pregunta hay que decir el apellido
o nombre y apellido del actual presidente de los Estados
Unidos. Visite uscis.gov/es/ y busque "Actualizaciones al
examen".

29. What is the name of the current Vice President of the United States?
¿Cómo se llama el actual vicepresidente de los Estados Unidos?

30. If the President can no longer serve, who becomes President?
Si el presidente ya no puede cumplir sus funciones, ¿quién se convierte en presidente?

31. If both the President and the Vice President can no longer serve, who becomes President?
Si tanto el presidente como el vicepresidente ya no pueden cumplir sus funciones, ¿quién se vuelve presidente?

32. Who is the Commander in Chief of the military?
¿Quién es el comandante en jefe de las Fuerzas Armadas?

33. Who signs bills to become laws?
¿Quién firma los proyectos de ley para convertirlos en leyes?

34. Who vetoes bills?
¿Quién veta los proyectos de ley?

35. What does the President's Cabinet do?
¿Qué hace el Gabinete del presidente?

29. *To answer this question, you must include the last name or the first and last name of the current Vice President of the United States. Visit uscis.gov/citizenship/testupdates for the name of the Vice President of the United States.*

Para responder a esta pregunta hay que decir el apellido o nombre y apellido del actual vicepresidente de los Estados Unidos. Visite uscis.gov/es/ y busque "Actualizaciones al examen".

30. *The Vice President.*
El vicepresidente.

31. *The Speaker of the House.*
El presidente de la Cámara de Representantes.

32. *The President.*
El presidente.

33. *The President.*
El presidente.

34. *The President.*
El presidente.

35. *Advises the President.*
Asesora al presidente.

Visite la página web del curso para actualizaciones y contenidos adicionales.

36. What are <u>two</u> Cabinet-level positions?
¿Cuáles son <u>dos</u> puestos a nivel de Gabinete?

37. What does the judicial branch do?
¿Qué hace la rama judicial?

38. What is the highest court in the United States?
¿Cuál es el tribunal más alto de los Estados Unidos?

36. Secretary of Agriculture, Secretary of Commerce, Secretary of Defense, Secretary of Education, Secretary of Energy, Secretary of Health and Human Services, Secretary of Homeland Security, Secretary of Housing and Urban Development, Secretary of the Interior, Secretary of Labor, Secretary of State, Secretary of Transportation, Secretary of the Treasury, Secretary of Veterans Affairs, Attorney General, Vice President.
Secretario de Agricultura, secretario de Comercio, secretario de Defensa, secretario de Educación, secretario de Energía, secretario de Salud y Servicios Humanos, secretario de Seguridad Nacional, secretario de Vivienda y Desarrollo Urbano, secretario del Interior, secretario de Trabajo, secretario de Estado, secretario de Transporte, secretario del Tesoro, secretario de Asuntos de Veteranos, procurador general, vicepresidente.

37. Reviews laws / Explains laws / Resolves disputes (disagreements) / Decides if a law goes against the Constitution.
Revisa leyes / Explica las leyes / Resuelve disputas (desacuerdos) / Decide si una ley va en contra de la Constitución.

38. The Supreme Court.
La Corte Suprema.

Visite la página web del curso para actualizaciones
y contenidos adicionales.

39. How many justices are on the Supreme Court?
¿Cuántos jueces hay en la Corte Suprema de Justicia?

40. Who is the Chief Justice of the United States now?
¿Quién es el presidente actual de la Corte Suprema de Justicia de los Estados Unidos?

41. Under our Constitution, some powers belong to the federal government. What is <u>one</u> power of the federal government?
De acuerdo con nuestra Constitución, algunos poderes pertenecen al gobierno federal. ¿Cuál es <u>un</u> poder del gobierno federal?

42. Under our Constitution, some powers belong to the states. What is <u>one</u> power of the states?
De acuerdo con nuestra Constitución, algunos poderes pertenecen a los estados. ¿Cuál es <u>un</u> poder de los estados?

39. **Visit uscis.gov/citizenship/testupdates for the number of justices on the Supreme Court.**
Visite uscis.gov/es/ y busque "Actualizaciones al examen" para saber el número de jueces en la Corte Suprema.

40. **To answer this question, you must include the last name or the first and last name of the current Chief Justice of the United States. Visit uscis.gov/citizenship/testupdates for the name of the Chief Justice of the United States.**
Para responder a esta pregunta hay que decir el apellido o nombre y apellido del actual presidente de la Corte Suprema de los Estados Unidos. Visite uscis.gov/es/ y busque "Actualizaciones al examen" para saber el nombre del presidente del Tribunal Supremo de Estados Unidos.

41. **To print money / To declare war / To create an army / To make treaties.**
Imprimir dinero / Declarar la guerra / Crear un ejército / Suscribir tratados.

42. **Provide schooling and education / Provide protection (police) / Provide safety (fire departments) / Give a driver's license / Approve zoning and land use.**
De acuerdo con nuestra Constitución, algunos poderes pertenecen a los estados. ¿Cuál es <u>un</u> poder de los estados? *Proveer escuelas y educación / Proveer protección (policía) / Proveer seguridad (cuerpos de bomberos) / Conceder licencias de conducir / Aprobar la zonificación y uso de la tierra.*

43. Who is the Governor of your state now?
¿Quién es el gobernador actual de su estado?

44. What is the capital of your state?
¿Cuál es la capital de su estado?

45. What are the <u>two</u> major political parties in the United States?
¿Cuáles son los <u>dos</u> principales partidos políticos de los Estados Unidos?

43. *Answers will vary. Visit uscis.gov/citizenship/ testupdates for the list of current United States governors. [District of Columbia residents should answer that D.C. does not have a Governor].*

Las respuestas variarán. Visite uscis.gov/es/ y busque "Actualizaciones al examen". [Los residentes del Distrito de Columbia deben decir "no tenemos gobernador"].

✱ 65 20

44. *Answers will vary. [District of Columbia residents should answer that D.C. is not a state and does not have a capital. Residents of U.S. territories should name the capital of the territory].*

Las respuestas variarán. [Los residentes del Distrito de Columbia deben contestar que el D.C. no es estado y que no tiene capital. Los residentes de los territorios de los Estados Unidos deben dar el nombre de la capital del territorio].

✱ 65 20

45. *Democratic and Republican.*

Demócrata y Republicano.

46. What is the political party of the President now?

¿Cuál es el partido político del presidente actual?

47. What is the name of the Speaker of the House of Representatives now?

¿Cómo se llama el presidente actual de la Cámara de Representantes?

46. *To answer this question, you must name the political party of the current President of the United States. Visit uscis.gov/citizenship/ testupdates for the political party of the President.*
Para responder a esta pregunta hay que decir el partido político al que pertenece el actual presidente de los Estados Unidos. Visite uscis.gov/es/ y busque "Actualizaciones al examen" para saber el partido político al que pertenece el presidente de Estados Unidos.

47. *To answer this question, you must include the last name or the first and last name of the current Speaker of the House of Representatives. Visit uscis.gov/citizenship/ testupdates for the name of the Speaker of the House of Representatives.*
Para responder a esta pregunta hay que decir el apellido o nombre y apellido del actual presidente de la Cámara de Representantes. Visite uscis.gov/es/ y busque "Actualizaciones al examen" para saber el nombre del Portavoz de la Cámara de Representantes.

C: Rights and Responsibilities

C: Derechos y responsabilidades

48. **There are four amendments to the Constitution about who can vote. Describe <u>one</u> of them.**
Existen cuatro enmiendas a la Constitución sobre quién puede votar. Describa <u>una</u> de ellas.

49. **What is <u>one</u> responsibility that is only for United States citizens?**
¿Cuál es <u>una</u> responsabilidad que corresponde sólo a los ciudadanos de los Estados Unidos?

50. **Name <u>one</u> right only for United States citizens.**
¿Cuál es <u>un</u> derecho que pueden ejercer sólo los ciudadanos de los Estados Unidos?

51. **What are <u>two</u> rights of everyone living in the United States?**
¿Cuáles son <u>dos</u> derechos que pueden ejercer todas las personas que viven en los Estados Unidos?

C: Rights and Responsibilities

C: Derechos y responsabilidades

48. *Citizens eighteen (18) and older (can vote) / You don't have to pay (a poll tax) to vote / Any citizen can vote (Women and men can vote) / A male citizen of any race (can vote).*
Ciudadanos de dieciocho (18) años en adelante (pueden votar) / No se exige pagar un impuesto para votar (el impuesto para acudir a las urnas o "poll tax" en inglés) / Cualquier ciudadano puede votar (Tanto las mujeres como los hombres pueden votar) / Un hombre ciudadano de cualquier raza (puede votar).

✱ 49. Serve on a jury. / Vote in a federal election.
65
20
Prestar servicio en un jurado / Votar en una elección federal.

50. *Vote in a federal election / Run for federal office.*
Votar en una elección federal / Postularse a un cargo político federal.

51. *Freedom of expression / Freedom of speech / Freedom of assembly / Freedom to petition the government / Freedom of worship / The right to bear arms.*
Libertad de expresión / Libertad de la palabra / Libertad de reunión / Libertad para peticionar al gobierno / Libertad de religión / Derecho a portar armas.

52. What do we show loyalty to when we say the Pledge of Allegiance?

¿Ante quién demostramos nuestra lealtad cuando decimos el Juramento de Lealtad (Pledge of Allegiance)?

53. What is <u>one</u> promise you make when you become a United States citizen?

¿Cuál es <u>una</u> promesa que usted hace cuando se convierte en ciudadano de los Estados Unidos?

54. How old do citizens have to be to vote for President?

¿Cuántos años deben tener los ciudadanos para votar por el presidente?

55. What are <u>two</u> ways that Americans can participate in their democracy?

¿Cuáles son <u>dos</u> maneras mediante las cuales los ciudadanos americanos pueden participar en su democracia?

52. The United States / The flag.
A los Estados Unidos / A la bandera.

53. Give up loyalty to other countries / Defend the Constitution and laws of the United States / Obey the laws of the United States / Serve in the U.S. military (if needed) / Serve (do important work for) the nation (if needed) / Be loyal to the United States.
Renunciar la lealtad a otros países / Defender la Constitución y las leyes de los Estados Unidos / Obedecer las leyes de los Estados Unidos / Prestar servicio en las Fuerzas Armadas de los Estados Unidos (de ser necesario) / Prestar servicio a (realizar trabajo importante para) la nación (de ser necesario) / Ser leal a los Estados Unidos.

✱ **54. Eighteen (18) and older.**
65/20
Dieciocho (18) años en adelante.

55. Vote / Join a political party / Help with a campaign / Join a civic group / Join a community group / Give an elected official your opinion on an issue / Call Senators and Representatives / Publicly support or oppose an issue or policy / Run for office / Write to a newspaper.
Votar / Afiliarse a un partido político / Ayudar en una campaña / Unirse a un grupo cívico / Unirse a un grupo comunitario / Compartir su opinión sobre un asunto con un oficial electo / Llamar a los senadores y representantes / Apoyar u oponerse públicamente a un asunto o política / Postularse a un cargo político / Enviar una carta o mensaje a un periódico.

Visite la página web del curso para actualizaciones y contenidos adicionales.

56. When is the last day you can send in federal income tax forms?
¿Cuál es la fecha límite para enviar la declaración federal de impuesto sobre el ingreso?

57. When must all men register for the Selective Service?
¿Cuándo deben inscribirse todos los hombres en el Servicio Selectivo?

AMERICAN HISTORY
HISTORIA ESTADOUNIDENSE

A: Colonial Period and Independence
A: Época colonial e independencia

58. What is <u>one</u> reason colonists came to America?
¿Cuál es <u>una</u> razón por la que los colonos vinieron a los Estados Unidos?

59. Who lived in America before the Europeans arrived?
¿Quiénes vivían en lo que hoy conocemos como los Estados Unidos antes de la llegada de los europeos?

✱ 56. April 15.

El 15 de abril.

65/20

57. At age eighteen (18) / Between eighteen (18) and twenty-six (26).

A la edad de dieciocho (18) años / Entre los dieciocho (18) y los veintiséis (26) años.

AMERICAN HISTORY
HISTORIA ESTADOUNIDENSE

A: Colonial Period and Independence

A: Época colonial e independencia

58. Freedom / Political liberty / Religious freedom / Economic opportunity / Practice their religion / Escape persecution.

Libertad / Libertad política / Libertad religiosa / Oportunidad económica / Para practicar su religión / Para huir de la persecución.

59. American Indians / Native Americans.

Indios americanos / Nativos americanos.

Visite la página web del curso para actualizaciones y contenidos adicionales.

60. What group of people was taken to America and sold as slaves?
¿Qué grupo de personas fue traído a los Estados Unidos y vendido como esclavos?

61. Why did the colonists fight the British?
¿Por qué lucharon los colonos contra los británicos?

62. Who wrote the Declaration of Independence?
¿Quién escribió la Declaración de Independencia?

63. When was the Declaration of Independence adopted?
¿Cuándo fue adoptada la Declaración de Independencia?

64. There were 13 original states. Name three.
Había 13 estados originales. Nombre tres.

65. What happened at the Constitutional Convention?
¿Qué ocurrió en la Convención Constitucional?

60. Africans / People from Africa.
Africanos / Gente de África.

61. Because of high taxes (taxation without representation) / Because the British army stayed in their houses (boarding, quartering) / Because they didn't have self-government.
Debido a los impuestos altos (impuestos sin representación) / El ejército británico se quedó en sus casas (alojándose, acuartelándose) / Porque no tenían gobierno propio.

62. (Thomas) Jefferson.
(Thomas) Jefferson.

63. July 4, 1776.
El 4 de Julio de 1776.

64. New Hampshire, Massachusetts, Rhode Island, Connecticut, New York, New Jersey, Pennsylvania, Delaware, Maryland, Virginia, North Carolina, South Carolina, Georgia.
Nueva Hampshire, Massachusetts, Rhode Island, Connecticut, Nueva York, Nueva Jersey, Pennsylvania, Delaware, Maryland, Virginia, Carolina del Norte, Carolina del Sur, Georgia.

65. The Constitution was written / The Founding Fathers wrote the Constitution.
Se redactó la Constitución / Los Padres Fundadores redactaron la Constitución.

---

66. When was the Constitution written?
¿Cuándo fue redactada la Constitución?

67. The Federalist Papers supported the passage of the U.S. Constitution. Name <u>one</u> of the writers.
Los escritos conocidos como "Los Documentos Federalistas" respaldaron la aprobación de la Constitución de los Estados Unidos. Nombre <u>uno</u> de los autores.

68. What is <u>one</u> thing Benjamin Franklin is famous for?
Mencione <u>una</u> razón por la que es famoso Benjamin Franklin.

69. Who is the "Father of Our Country"?
¿Quién se le conoce como el "Padre de Nuestra Nación"?

★ 70. Who was the first President?

¿Quién fue el primer presidente?

65
20

66. *1787.*
1787.

67. *(James) Madison / (Alexander) Hamilton / (John) Jay / Publius.*
(James) Madison / (Alexander) Hamilton / (John) Jay / Publius.

68. *U.S. diplomat / Oldest member of the Constitutional Convention / First Postmaster General of the United States / Writer of "Poor Richard's Almanac" / Started the first free libraries.*
Diplomático Americano / El miembro de mayor edad de la Convención Constitucional / Primer director general de Correos de los Estados Unidos / Autor de "Poor Richard's Almanac" (Almanaque del Pobre Richard) / Fundó las primeras bibliotecas gratuitas.

69. *(George) Washington.*
(George) Washington.

★ **70. Who was the first President?**
⁶⁵⁄₂₀ ***(George) Washington.***
(George) Washington.

B: 1800s

B: Los años 1800

71. What territory did the United States buy from France in 1803?
¿Qué territorio compró Estados Unidos a Francia en 1803?

72. Name <u>one</u> war fought by the United States in the 1800s.
Mencione <u>una</u> guerra en la que peleó los Estados Unidos durante los años 1800.

73. Name the U.S. war between the North and the South.
Dé el nombre de la guerra entre el Norte y el Sur de los Estados Unidos.

74. Name <u>one</u> problem that led to the Civil War.
Mencione <u>un</u> problema que condujo a la Guerra Civil.

75. What was <u>one</u> important thing that Abraham Lincoln did?
¿Cuál fue <u>una</u> cosa importante que hizo Abraham Lincoln?

B: 1800s

B: Los años 1800

71. *The Louisiana Territory / Louisiana.*
El territorio de Louisiana / Louisiana.

72. *War of 1812 / Mexican-American War / Civil War / Spanish-American War.*
La Guerra de 1812 / La Guerra entre México y los Estados Unidos / La Guerra Civil / La Guerra Hispano-Estadounidense (Hispano-americana).

73. *The Civil War / The War between the States.*
La Guerra Civil / La Guerra entre los Estados.

74. *Slavery / Economic reasons / States' rights.*
Esclavitud / Razones económicas / Derechos de los estados.

✱ 75. *Freed the slaves (Emancipation Proclamation) / Saved (or preserved) the Union / Led the United States during de Civil War.*
65
20
Liberó a los esclavos (Proclamación de la Emancipación) / Salvó (o preservó) la Unión / Presidió los Estados Unidos durante la Guerra Civil.

76. What did the Emancipation Proclamation do?
¿Qué hizo la Proclamación de la Emancipación?

77. What did Susan B. Anthony do?
¿Qué hizo Susan B. Anthony?

C: Recent American History and Other Important Historical Information

C: Historia estadounidense reciente
y otra información histórica importante

78. Name <u>one</u> war fought by the United States in the 1900s.
Mencione <u>una</u> guerra durante los años 1900 en la que peleó los Estados Unidos.

79. Who was President during World War I?
¿Quién era presidente durante la Primera Guerra Mundial?

76. **Freed the slaves / Freed slaves in the Confederacy / Freed slaves in the Confederate states / Freed slaves in most Southern states.**
Liberó a los esclavos / Liberó a los esclavos de la Confederación / Liberó a los esclavos en los estados de la Confederación / Liberó a los esclavos en la mayoría de los estados del sur.

77. **Fought for women's rights / Fought for civil rights.**
Luchó por los derechos de la mujer / Luchó por los derechos civiles.

C: Recent American History and Other Important Historical Information

C: Historia estadounidense reciente y otra información histórica importante

78. **World War I / World War II / Korean War / Vietnam War / (Persian) Gulf War.**
La Primera Guerra Mundial / La Segunda Guerra Mundial / La Guerra de Corea / La Guerra de Vietnam / La Guerra del Golfo (Pérsico).

65
20

79. **(Woodrow) Wilson.**
(Woodrow) Wilson.

Visite la página web del curso para actualizaciones y contenidos adicionales.

80. Who was President during the Great Depression and World War II?
¿Quién era presidente durante la Gran Depresión y la Segunda Guerra Mundial?

81. Who did the United States fight in World War II?
¿Contra qué países peleó los Estados Unidos en la Segunda Guerra Mundial?

82. Before he was President, Eisenhower was a general. What war was he in?
Antes de ser presidente, Eisenhower era general. ¿En qué guerra participó?

83. During the Cold War, what was the main concern of the United States?
Durante la Guerra Fría, ¿cuál era la principal preocupación de los Estados Unidos?

84. What movement tried to end racial discrimination?
¿Qué movimiento trató de poner fin a la discriminación racial?

✱ **85. What did Martin Luther King, Jr. do?**
65
20 ¿Qué hizo Martin Luther King, Jr.?

86. Major event happened on September 11, 2001, in the United States?
¿Qué suceso de gran magnitud ocurrió el 11 de septiembre de 2001 en los Estados Unidos?

80. *(Franklin) Roosevelt.*
(Franklin) Roosevelt.

81. **Japan, Germany, and Italy.**
Japón, Alemania e Italia.

82. **World War II.**
Segunda Guerra Mundial.

83. **Communism.**
Comunismo.

84. **Civil rights (movement).**
(El movimiento de) derechos civiles.

✳ **85.** **Fought for civil rights / Worked for equality for all Americans.**
⬚65 ⬚20
Luchó por los derechos civiles / Trabajó por la igualdad de todos los ciudadanos americanos.

86. **Terrorists attacked the United States.**
Los terroristas atacaron los Estados Unidos.

Visite la página web del curso para actualizaciones
y contenidos adicionales.

87. Name <u>one</u> American Indian tribe in the United States.

Mencione <u>una</u> tribu de indios americanos de los Estados Unidos. [A los oficiales del USCIS se les dará una lista de tribus amerindias reconocidas a nivel federal.]

INTEGRATED CIVICS
EDUCACIÓN CÍVICA INTEGRADA

A: Geography

A: Geografía

88. Name <u>one</u> of the two longest rivers in the United States.

Mencione <u>uno</u> de los dos ríos más largos de los Estados Unidos.

89. What ocean is on the West Coast of the United States?

¿Qué océano está en la costa oeste de los Estados Unidos?

90. What ocean is on the East Coast of the United States?

¿Qué océano está en la costa este de los Estados Unidos?

87. *[USCIS Officers will be supplied with a list of federally recognized American Indian tribes.] Cherokee, Navajo, Sioux, Chippewa, Choctaw, Pueblo, Apache, Iroquois, Creek, Blackfeet, Seminole, Cheyenne, Arawak, Shawnee, Mohegan, Huron, Oneida, Lakota, Crow, Teton, Hopi, Inuit.*
Cherokee, Navajo, Sioux, Chippewa, Choctaw, Pueblo, Apache, Iroquois, Creek, Blackfeet, Seminole, Cheyenne, Arawak, Shawnee, Mohegan, Huron, Oneida, Lakota, Crow, Teton, Hopi, Inuit.

INTEGRATED CIVICS
EDUCACIÓN CÍVICA INTEGRADA

A: Geography

A: Geografía

88. *Missouri (River) / Mississippi (River).*
(El río) Missouri / (El río) Mississippi.

89. *Pacific (Ocean).*
(El océano) Pacífico.

90. *Atlantic (Ocean).*
(El océano) Atlántico.

Visite la página web del curso para actualizaciones y contenidos adicionales.

91. Name <u>one</u> U.S. territory.

Dé el nombre de <u>un</u> territorio de los Estados Unidos.

92. Name <u>one</u> state that borders Canada.

Mencione <u>un</u> estado que tiene frontera con Canadá.

93. Name <u>one</u> state that borders Mexico.

Mencione <u>un</u> estado que tiene frontera con México.

✱ 94. What is the capital of the United States?

⌗65⌗ ¿Cuál es la capital de los Estados Unidos?
⌗20⌗

✱ 95. Where is the Statue of Liberty?

⌗65⌗ ¿Dónde está la Estatua de la Libertad?
⌗20⌗

91. *Puerto Rico / U.S. Virgin Islands / American Samoa / Northern Mariana Islands / Guam.*
Puerto Rico / Islas Vírgenes de los Estados Unidos / Samoa Americana / Islas Marianas del Norte / Guam.

92. *Maine, New Hampshire, Vermont, New York, Pennsylvania, Ohio, Michigan, Minnesota, North Dakota, Montana, Idaho, Washington, Alaska.*
Maine, Nueva Hampshire, Vermont, Nueva York, Pennsylvania, Ohio, Michigan, Minnesota, Dakota del Norte, Montana, Idaho, Washington, Alaska.

93. *California, Arizona, New Mexico, Texas.*
California, Arizona, Nuevo México, Texas.

94. *Washington, D.C.*
Washington, D.C.

95. *New York (Harbor) / Liberty Island / [Also acceptable are New Jersey, near New York City, and on the Hudson (River).]*
(El puerto de) Nueva York / Liberty Island / [Otras respuestas aceptables son Nueva Jersey, cerca de la Ciudad de Nueva York y (el río) Hudson.]

B: Symbols

B: Símbolos

96. Why does the flag have 13 stripes?
¿Por qué hay 13 franjas en la bandera?

97. Why does the flag have 50 stars?
¿Por qué hay 50 estrellas en la bandera?

98. What is the name of the national anthem?
¿Cómo se llama el himno nacional?

B: Symbols

B: Símbolos

96. ***Because there were 13 original colonies /
Because the stripes represent the original
colonies.***
*Porque representan las 13 colonias originales / Porque las
franjas representan las colonias originales.*

97. ***Because there is one star for each state. /
Because each star represents a state / Because
there are 50 states.***
*Porque hay una estrella por cada estado / Porque cada
estrella representa un estado / Porque hay 50 estados.*

98. ***The Star-Spangled Banner.***
The Star-Spangled Banner.

C: Holidays

C: Días feriados

99. When do we celebrate Independence Day?
¿Cuándo celebramos el Día de la Independencia?

100. Name <u>two</u> national U.S. holidays.
Mencione <u>dos</u> días feriados nacionales de los Estados Unidos.

C: Holidays

C: Días feriados

99. *July 4.*
El 4 de Julio.

100. *New Year's Day / Martin Luther King, Jr. Day / Presidents' Day / Memorial Day / Independence Day / Labor Day / Columbus Day / Veterans Day / Thanksgiving / Christmas.*
El Día de Año Nuevo / El Día de Martin Luther King, Jr. / El Día de los presidentes / El Día de la Recordación / El Día de la Independencia / El Día del Trabajo / El Día de la Raza (Cristóbal Colón) / El Día de los Veteranos / El Día de Acción de Gracias / El Día de Navidad.

Cómo es el examen de inglés

El examen de naturalización tiene dos componentes:

- el de educación cívica (que vimos en las páginas anteriores) y
- el examen de inglés (que veremos en las próximas).

En el examen, usted deberá demostrar comprensión del idioma inglés, incluida la capacidad de leer, escribir y hablar inglés básico:

1 **Lectura:** Usted deberá leer en voz alta una de tres oraciones correctamente para demostrar la capacidad de leer en inglés.

2 **Escritura:** Usted deberá escribir una de tres oraciones correctamente para demostrar la capacidad de escribir en inglés.

3 **Expresión oral:** Un oficial de USCIS determinará su capacidad para hablar y comprender inglés durante su entrevista de elegibilidad sobre el Formulario N-400, Solicitud de Naturalización.

Recuerde

Usted encontrará un completo curso de inglés básico en la web de nuestro curso: https://nuevosamericanos.com/

Lectura

Para el examen de lectura (***Reading Test***), deberá leer correctamente **una frase en inglés** que le mostrará el oficial del USCIS. Por ejemplo: "**George Washington was the first President of the United States**". Si se equivoca y no la lee bien, dispondrá de **dos ocasiones más**, con frases diferentes cada vez. Estas frases mostrarán **al menos una** de las palabras que se presentan en el listado de vocabulario siguiente:

Vocabulario para el test de lectura

> **○ PEOPLE** [personas]
> * Abraham Lincoln
> * George Washington

> **○ CIVICS** [educación cívica]
> * American flag
> * Bill of Rights
> * capital
> * citizen
> * city
> * Congress
> * country
> * Father of Our Country
> * government
> * President
> * right
> * Senators
> * state/states
> * White House

○ PLACES [lugares]

- America
- United States
- U.S.

○ HOLIDAYS [días feriados]

- Presidents' Day
- Memorial Day
- Flag Day
- Independence Day
- Labor Day
- Columbus Day
- Thanksgiving

○ QUESTION WORDS [palabras para preguntar]

- How
- What
- When
- Where
- Who
- Why

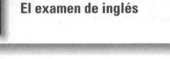

○ VERBS [verbos]

- can
- come
- do/does
- elects
- have/has
- is/are/was/be
- lives/lived
- meet
- name
- pay
- vote
- want

○ OTHER (FUNCTION) [otras funciones]

- a
- for
- here
- in
- of
- on
- the
- to
- we

○ OTHER (CONTENT) [otro contenido]

- colors
- dollar bill
- first
- largest
- many
- most
- north
- one
- people
- second
- south

Escritura

Para el examen de escritura (*Writing Test*), deberá escribir correctamente **una frase en inglés** que le leerá el oficial del USCIS. Por ejemplo, "**Washington D.C. is the capital of the United States**".

Si se equivoca y no la escribe bien, dispondrá de **dos ocasiones más**, con frases diferentes cada vez. Estas frases incluirán **al menos una** de las palabras que se presentan en el listado de vocabulario siguiente:

Vocabulario para el test de escritura

O PEOPLE [personas]

- Adams
- Lincoln
- Washington

O PLACES [lugares]

- Alaska
- California
- Canada
- Delaware
- Mexico
- New York City
- United States
- Washington
- Washington, D.C.

○ CIVICS [educación cívica]

American Indians	*Indios americanos*
Capital	*Capital*
Citizens	*Ciudadanos*
Civil War	*Guerra Civil*
Congress	*Congreso*
Father of Our Country	*Padre de nuestra Nación*
Flag	*Bandera*
Free	*Libre*
Freedom of speech	*Libertad de expresión*
President	*Presidente*
Right	*Derecho*
Senators	*Senadores*
State/States	*Estado/Estados*
White House	*Casa Blanca*

○ MONTHS [meses]

February	*febrero*
May	*mayo*
June	*junio*
July	*julio*
September	*septiembre*
October	*octubre*
November	*noviembre*
December	*diciembre*

Visite la página web del curso para actualizaciones y contenidos adicionales.

○ HOLIDAYS [días feriados]

Presidents' Day	*Día de los Presidentes*
Memorial Day	*Día de la Recordación*
Flag Day	*Día de la Bandera*
Independence Day	*Día de la Independencia*
Labor Day	*Día del Trabajo*
Columbus Day	*Día de la Raza (Cristóbal Colón)*
Thanksgiving	*Día de Acción de Gracias*

○ OTHER (CONTENT) [otro contenido]

blue	*azul*
dollar bill	*billete de un dólar*
fifty/50	*cincuenta*
first	*primero*
largest	*más grande*
most	*más (superlativo)*
north	*norte*
one	*uno/una*
one hundred/100	*cien*
people	*gente/pueblo*
red	*rojo/roja*
second	*segundo/segunda*
south	*sur*
taxes	*impuestos*
white	*blanco/blanca*

OTHER (FUNCTION) [otras funciones]

and *y*
during *durante*
for *por/para*
here *aquí*
in *en*
of *de*
on *en/sobre*
the *el/la/los/las*
to *a*
we *nosotros/nosotras*

○ VERBS [verbos]

can *poder*
come *venir*
elect *elegir*
have/has *tener/tiene*
is/was/be *es/era/ser*
lives/lived *vive/vivió*
meets *conocer/satisfacer*
pay *pagar*
vote *votar*
want *querer*

Visite la página web del curso para actualizaciones
y contenidos adicionales.

Expresión oral

Su habilidad para hablar y comprender inglés la determinará el oficial del USCIS en base a la **conversación informal** que mantenga con usted a lo largo de la entrevista y, en particular, en sus respuestas al ser preguntado sobre su solicitud de naturalización (**forma N-400**), especialmente en la **parte 12** de dicho documento, donde se le pide información acerca de usted y de su pasado.

Es por ello que conviene **comprender** muy bien **el significado** de todas las palabras que se usan en la forma N-400, especialmente las usadas en las preguntas de la **sección 12**. No solo se espera de usted que sepa responder correctamente en inglés, también le preguntarán la **definición en inglés** de estas palabras, ya que de esta manera los oficiales del USCIS evalúan **aún mejor** su **dominio** del idioma inglés.

Para información actualizada sobre el examen de inglés y cómo prepararse para el mismo de forma interactiva con recursos audiovisuales, le recomendamos mucho visitar nuestra web (**https://nuevosamericanos.com/**).

Comprenda bien las preguntas del formulario N-400 y sepa responderlas si le preguntan por su significado

Es muy importante que conozca bien el significado de las preguntas que se realizan en el formulario N-400, que es con el que aplica a su naturalización, tanto cuando lo complete para presentarlo en su solicitud, como cuando ya se encuentre en su entrevista de naturalización.

Durante la entrevista, el oficial del USCIS le realizará preguntas sobre su solicitud y sus antecedentes. Muy probablemente, revisará todas sus respuestas en la parte 12 del formulario N-400. Esto lo hará por tres motivos:

O Para detectar inconsistencias en sus respuestas o información desactualizada.

O Para asegurarse que comprendió bien todas las preguntas del formulario.

O Para evaluar su nivel de inglés conversacional.

Es por ello que puede preguntarle por el significado de algunas palabras usadas en el formulario. Conviene que conozca de antemano el significado de todas las palabras, para poder responder sin problema las preguntas del oficial del USCIS. De este modo, demostrará que comprende su significado y que tiene un nivel de inglés hablado suficiente como para explicar bien en inglés lo que quieren decir esas palabras del formulario.

La sección 12 del formulario N-400 tiene como objetivo principal demostrar que usted es una persona de buen carácter moral. En inglés, "**good moral character**". Si durante la entrevista, le preguntan qué quiere decir, usted puede responder:

A person with good moral character has good values, treats other people well, obeys the law, behaves well, and does not have any serious criminal issues in his or her past.

Una persona con buen carácter moral tiene buenos valores, trata bien a otras personas, obedece la ley, se porta bien y no tiene ningún asunto criminal serio en su pasado.

Otra pregunta que es muy probable que le pregunten durante la entrevista es la de por qué quiere ser ciudadano de los Estados Unidos: "**Why do you want to become an American citizen?**"

Puede responder con alguna de estas respuestas, entre otras:

I want to become an American citizen because I believe in the form of government and I want to vote.

Quiero ser un ciudadano americano porque creo en su forma de gobierno y quiero votar.

Because I want to vote.

Porque quiero votar.

Para ayudarle a completar la forma N-400 y para prepararse para la entrevista, hemos seleccionado esta lista de palabras difíciles que aparecen en el formulario N-400. Anotamos su correspondiente explicación en inglés por si le preguntan su significado y debe responder en inglés. Añadimos su traducción libre al español para mayor comprensión.

Parte 1

○ **Naturalization is the process of becoming a US citizen.**
La naturalización es el proceso de convertirse en ciudadano de los Estados Unidos.

○ **Eligibility means to meet the requirements.**
La elegibilidad significa cumplir con los requisitos solicitados.

○ **Lawful means permitted by law.**
Legal, permitido por la ley.

○ **Spouse is a husband or wife.**
Cónyuge, esposo o esposa.

Parte 2

○ **Current means being used now.**
Vigente, que se usa ahora.

○ **Nickname is a person's informal name used by friends and family.**
Apodo o mote, el nombre informal con el que amigos y familiares llaman a una persona.

○ **Aliases are false names or identities that a person like a criminal may use.**
Alias, otros nombres que usa una persona para identificarse, típicamente por motivos criminales.

○ **Maiden name is the last name that a married woman used from birth, prior to its being legally changed at marriage.**
El apellido de soltera, el usado por las mujeres casadas desde su nacimiento.

Visite la página web del curso para actualizaciones y contenidos adicionales.

- **A physical, developmental or mental disability means a physical or mental impairment that limits a person's ability to function.**
  Una discapacidad física o del desarrollo, o una discapacidad mental, significa sufrir de problemas físicos o mentales que limitan las funciones de una persona.
- **Exempt means that it's not required.**
  Exento, que no se requiere o precisa.

Parte 3

- **Accommodation means extra help.**
  Acomodación, ayuda extra.

Parte 5

- **Residence is where you live.**
  Residencia, donde usted vive.
- **Physical address is the address where you live.**
  Dirección física, la dirección donde usted vive.
- **Mailing address is the address where you receive your mail.**
  Dirección para correo, la dirección donde recibe usted el correo.

Parte 8

- **Self-employed is a person that works for oneself.**
  Auto-empleado es el que trabaja para sí mismo.

○ **Unemployed is someone without a paid job.**
Desempleado es una persona sin trabajo pago.

Parte 10

○ **Marital means relating to marriage.**
Marital significa relativo al matrimonio.
○ **A spouse deceased is the husband or wife that has died.**
Cónyuge difunto es el esposo o esposa fallecida.

Parte 11

○ **Stepchildren are children of one's husband or wife by a previous marriage.**
Hijastros son los hijos del esposo o esposa en anteriores matrimonios.

Parte 12 (preguntas 1 a 21)

○ **Have you EVER or Were you EVER or Did you EVER means anytime in your lifetime.**
ALGUNA VEZ, en algún momento en su vida.
○ **To claim means to assert something without evidence or proof.**
Reivindicar, asegurar algo sin pruebas ni evidencias.
○ **Register to vote means to sign up to vote in an election.**
Registrarse para votar, apuntarse para votar en una elección.

Visite la página web del curso para actualizaciones
y contenidos adicionales.

○ **A hereditary title is a title you receive at birth, like in a royal family.**
Título hereditario, un título que recibes al nacer en una familia real, por ejemplo.

○ **Legally incompetent is when someone is declared unable to make legal decisions for themselves due to a mental impairment.**
Legalmente incompetente es cuando uno no puede tomar decisiones legales por sí mismo debido a problemas mentales.

○ **To be confined to a mental institution means to be kept in a mental hospital.**
Confinado o encerrado en una institución mental, para gente con trastornos mentales

○ **To owe means to have an obligation to pay.**
Deber, tener una obligación de pagar.

○ **Overdue taxes are taxes that should have already been paid.**
Impuestos atrasados, que ya se deberían haber pagado.

○ **To file a tax return is to send a form where you declare your tax information.**
Presentar la liquidación de impuestos, con toda la información tributaria.

○ **Communism is a political system in which the government owns and controls everything, like in China or North Korea.**
Comunismo es el sistema político en el que el gobierno posee y controla todo, como en China o Corea del Norte.

○ **Totalitarian is a system in which the government controls everything and the people have no power.**
Totalitario es el sistema en el que el gobierno controla todo y el pueblo no tiene poder alguno.

○ **A terrorist is a person who uses violence for religious or political reasons.**
Terrorista es una persona que usa la violencia por razones religiosas o políticas.

○ **To advocate means to publicly recommend or support.**
Defender o abogar por alguien, a quien recomienda y defiende públicamente.

○ **To overthrow is to remove from power by the use of force.**
Derrocar, quitar del poder por la fuerza.

○ **To persecute is to harass or annoy someone because of their race, political or religious beliefs.**
Perseguir, acosar o molestar a alguien por su raza o creencias políticas o religiosas.

○ **Nazi was Hitler's political party.**
Nazi, el partido político de Hitler.

○ **A vigilante is a person who enforces the law without the authority to do so.**
Una persona que actúa como si fuera policía pero sin serlo.

○ **Genocide is the mass killing of a particular race or origin with the intention of eliminating them.**
Genocidio es la matanza de muchas personas de una raza u origen en particular con la intención de acabar con ellos.

Visite la página web del curso para actualizaciones y contenidos adicionales.

- **To torture means to hurt someone badly to make them say or do something.**
  Tortura es hacer mucho daño a alguien para que diga o haga algo.
- **A military unit is a group of soldiers or armed forces that work for a government.**
  Unidad militar, fuerzas armadas o soldados que trabajan para un gobierno.
- **A paramilitary unit is a group of fighters that perform the functions of an official military unit but are not.**
  Unidad paramilitar, fuerzas armadas que actúan como militares pero no son oficiales.
- **A self-defense unit is a group of fighters that protect a community.**
  Unidad de autodefensa, un grupo de personas que usan la fuerza para defender una comunidad.
- **A guerrilla group is a small armed group fighting against the police or army of a country.**
  Grupo guerrillero, un pequeño grupo armado que lucha contra la policía o el ejército oficial.
- **Militia is a military force that is recruited from the civil population to assist a regular army in an emergency.**
  Milicia es un ejército de personas civiles reclutada en una emergencia, pero que no forma parte habitualmente del ejército oficial.
- **A detention center is a place where people are forced to stay.**
  Centro de detención es un lugar donde las personas están forzadas a permanecer.

- **A labor camp is a place where people are forced to work.**
  Campamento de trabajo, un lugar donde las personas están forzadas a trabajar.
- **To recruit means to ask to enroll in a group, typically into the armed forces.**
  Reclutar, pedir apuntarse a alguien a un grupo, típicamente a las fuerzas armadas.
- **To conscript means to enlist or require someone to join, typically into the armed forces.**
  Inscribir por la fuerza a alguien, típicamente para reclutarlo para las fuerzas armadas.

Parte 12 (preguntas 22 a 29)

- **Your records have been sealed means that your records are not public.**
  Tus registros -con la información sobre ti- no son públicos.
- **Your records have been expunged means that your records have been erased.**
  Tus archivos han sido eliminados o borrados.
- **Your records have been cleared means that your charges have been dismissed.**
  Tus archivos han sido absueltos o perdonados.
- **To disclose the information means to share the information.**
  Revelar información, mostrarla o descubrirla.
- **An offense is an illegal act.**
  Delito, crimen leve.

Visite la página web del curso para actualizaciones y contenidos adicionales.

- **To be cited means to be ordered to appear in a court of law.**
  Citado, requerido a ir a un tribunal de justicia.
- **To be detained means to be held in custody by police.**
  Detenido, estar en custodia policial.
- **Convicted means to be declared guilty of a crime.**
  Condenado, ser declarado culpable de un crimen.
- **Probation means a release from detention, subject to a period of good behavior under supervision.**
  Libertad condicional, quedar en libertad pero sujeto a buena conducta supervisada.
- **To be paroled means to be allowed to leave prison early because of good behavior.**
  Autorizado a salir antes de prisión por buena conducta.

Parte 12 (preguntas 30 a 44)

- **A habitual drunkard is a person that drinks too much alcohol regularly.**
  Borracho habitual, una persona que bebe en exceso frecuentemente.
- **A prostitute is a person who sells sex for money.**
  Alguien que tiene sexo por dinero.
- **To procure anyone for prostitution means to obtain a prostitute for another person.**
  Dedicarse al proxenetismo, comerciar con prostitución.

○ **To smuggle is to move goods or people into or out of a country, illegally.**
Contrabandear, comerciar con productos o personas cruzando fronteras ilegalmente.

○ **To gamble is to play a game of chance for money.**
Apostar, jugar a un juego de azar por dinero.

○ **Alimony means payments to a spouse during a separation or following a divorce.**
Pagos al cónyuge durante una separación o tras un divorcio.

○ **Misrepresentation means giving false information.**
Tergiversación, dar falsa información acerca de algo.

○ **Fraudulent means something that is not true.**
Fraudulento, algo que no es verdad.

○ **To be deported means to be sent out of the country.**
Deportado, expulsado del país.

○ **Rescission means revoking or taking back a decision.**
Rescisión, revocar o anular una decisión.

○ **To deploy means to move soldiers for military action.**
Desplegar, mover tropas para acciones militares.

○ **Discharged from service means to be released from the duty to serve in the armed forces.**
Despedido o cesado de las fuerzas armadas.

○ **Draft is the mandatory enrollment of individuals into the armed forces.**
Leva, ser reclutado obligatoriamente para servir en las fuerzas armadas.

Visite la página web del curso para actualizaciones y contenidos adicionales.

○ **Selective service system is the agency that registers 18 to 25-year-old men and is responsible for running a draft.**
Es la agencia que registra hombres de 18 a 25 años y es responsable de reclutar obligatoriamente.

Parte 12 (preguntas 45 a 50)

○ **The Constitution is the supreme law of the land.**
La Constitución es la ley suprema de la nación.

○ **An oath is a solemn promise.**
Un juramento es una promesa solemne.

○ **Allegiance means loyalty.**
Lealtad, fidelidad, vasallaje.

○ **The Oath of Allegiance to the United States is a solemn promise to be loyal to the United States.**
Es el Juramento de Lealtad a los Estados Unidos.

○ **To bear arms means to carry weapons or firearms.**
Tener armas, llevar armas consigo.

○ **Noncombatant services are services that are not engaged in fighting or combat.**
Servicio no combatiente, que no se emplea en combates.

○ **Civilian direction means to be under orders given by someone who is not in the military.**
Instrucciones dadas por alguien civil, que no es de las fuerzas armadas.

Parte 13

○ **Penalties are punishments or fines imposed for breaking a law or rule.**
Sanciones, castigos o multas por hacer algo ilegal.

○ **USCIS records are the documents and information about you that USCIS may have.**
Información que el USCIS pueda tener sobre usted.

Parte 14

○ **Perjury is the offense of telling a lie in court after taking an oath.**
Perjurio, el delito de mentir bajo juramento.

Parte 18

○ **To abjure means to solemnly renounce.**
Abjurar, renunciar solemnemente.

Visite la página web del curso para actualizaciones
y contenidos adicionales.

THE OATH OF ALLEGIANCE
EL JURAMENTO DE LEALTAD

Si USCIS aprueba su Formulario N-400, Solicitud de Naturalización, le programarán su cita para que preste el Juramento de Lealtad (Oath of Allegiance) en una Ceremonia de Naturalización. La ceremonia de naturalización es la culminación del proceso de naturalización y, en ella, usted prestará el siguiente juramento:

> "I hereby declare, on oath, that I absolutely and entirely renounce and abjure all allegiance and fidelity to any foreign prince, potentate, state, or sovereignty, of whom or which I have heretofore been a subject or citizen; that I will support and defend the Constitution and laws of the United States of America against all enemies, foreign and domestic; that I will bear true faith and allegiance to the same; that I will bear arms on behalf of the United States when required by the law; that I will perform noncombatant service in the Armed Forces of the United States when required by the law; that I will perform work of national importance under civilian direction when required by the law; and that I take this obligation freely, without any mental reservation or purpose of evasion; so help me God."

El Juramento de Lealtad (Oath of Allegiance) se administra siempre en el idioma inglés, independientemente de si usted era elegible para una exención de idioma. Sin embargo, puede solicitar un traductor para traducir el juramento durante la ceremonia, si así lo precisara. Además, podrá solicitar una modificación del juramento debido a una objeción religiosa o a su incapacidad o falta de voluntad para prestar juramento o recitar las palabras "bajo Dios". Usted o un representante designado puede solicitar una exención de juramento en el caso que no pueda entender el significado del juramento.

¡FELICITACIONES!

Si ha llegado hasta aquí es que se ha preparado bien para superar el Examen de Naturalización y la entrevista con el oficial del USCIS. Sus probabilidades de superar el examen son ahora mayores que cuando empezó a estudiar. Está mejor preparado y ha practicado intensivamente para conseguirlo. ¡Muy bien hecho!

¡LE DESEAMOS MUCHO ÉXITO EN SU PROCESO DE OBTENER LA CIUDADANÍA ESTADOUNIDENSE Y ESPERAMOS VERLE PRONTO EN SU CEREMONIA DE NATURALIZACIÓN!

Visite la página web del curso para actualizaciones y contenidos adicionales.